北京文博

文 丛

二〇一八年第四辑

北京市文物局 编

图书在版编目（CIP）数据

北京文博文丛. 2018. 第4辑 / 祁庆国主编. --
北京：北京燕山出版社, 2018.12
　ISBN 978-7-5402-5307-3

Ⅰ.①北… Ⅱ.①祁… Ⅲ.①文物工作-北京-文集
②博物馆-工作-北京-文集 Ⅳ.①G269.271-53

中国版本图书馆CIP数据核字(2019)第004363号

北京文博文丛·2018·第4辑

出版发行：北京燕山出版社有限公司
社　　址：北京市丰台区东铁营苇子坑路138号　100079
责任编辑：朱　菁　任　臻
版式设计：肖　晓
印　　刷：北京画中画印刷有限公司
开　　本：787mm×1092mm　1/16
印　　张：8
字　　数：181千字
版　　次：2018年12月第1版
印　　次：2018年12月第1次印刷
ISBN 978-7-5402-5307-3
定　　价：48.00元

北京文博

2018年第4辑（总94期）

特约专稿

1　**以不断探问推动实际工作**
　　——浅谈"5·18国际博物馆日"如何实现"超级连接"
　　北京市文物局宣传教育中心

北京史地

5　**明清时期通州城城池形态、街巷布局复原研究**
　　程　呈

19　**明代北京大觉寺及周边密教史迹考**
　　王　松

26　**清代圆明园内事务性工作述略**
　　张利芳

文物研究

34　**金代赵好古墓志考释**
　　周　峰

39　**小议宋金窑址中植毛骨刷的功能**
　　贾　帅

43　**施艺于玉，如琢如磨**
　　——清代玉器与玉文化的时代感
　　董　胤

考古研究

53　**开启北京水下考古的新纪元**
　　郭京宁

博物馆研究

62　**诗情画意话悲鸿**
　　——徐悲鸿诗歌艺术浅谈
　　高小龙

主办单位：北京市文物局
编辑出版：《北京文博》编辑部
北京燕山出版社
网址：http://www.bjmuseumnet.org
邮箱：bjwb1995@126.com

目录 | Contents

69　**人物纪念馆的定位与功能刍议**
　　——以徐悲鸿纪念馆馆藏资源为基础的认识与研究
　　李　晴

75　**悲鸿生命**
　　——徐悲鸿的中国画收藏及收藏观
　　杜永梅

84　**大美育观与核心素养培育**
　　——徐悲鸿纪念馆青少年教育资源分析
　　李　瑶

93　**浅谈新媒体时代下馆藏文物的数字化建设**
　　——以徐悲鸿纪念馆为例
　　汤雅涵

100　**探析徐悲鸿的博物美术馆思想**
　　刘　名

107　**浅谈共享经济概念下的中小博物馆发展**
　　张　磊

文物保护

112　北京近年出土漆器现场起取保护简述
　　董育纲

文献资料

117　北京市文物局2018年三季度文博事业大事记
　　北京市文物局办公室

120　《北京文博文丛》2018年总目录

声　明

为适应我国信息化建设，扩大本辑刊及作者知识信息交流渠道，本辑刊已被《中国学术期刊网络出版总库》及CNKI系列数据库收录，作者文章著作权使用费与本辑刊稿酬一次性给付。免费提供作者文章引用统计分析资料。如作者不同意文章被收录，请在来稿时向本辑刊声明，本辑刊将做适当处理。

《北京文博》编辑委员会

顾　问：李学勤　吕济民
主　任：李伯谦
副主任：舒小峰　孔繁峙　王世仁
　　　　齐　心　马希桂　吴梦麟
　　　　信立祥　葛英会　靳枫毅
　　　　郭小凌

编委会委员：（以姓氏笔画为序）
于　平　王　丹　王　岗　王丹江
王玉伟　王有泉　王培伍　王清林
卢迎红　白　岩　向德春　刘素凯
刘超英　齐东发　关战修　许　伟
许立华　宋向光　杨玉莲　杨曙光
李　晨　李建平　肖元春　吴志友
何　沛　张德华　范　军　哈　骏
侯兆年　侯　明　郗志群　高小龙
高凯军　郭　豹　崔国民　韩　更
韩战明　谭烈飞　薛　俭

主　　编：祁庆国
执行主编：韩建识
编辑部主任：高智伟
本辑编辑：韩建识　陈　倩
　　　　　高智伟　康乃瑶　侯海洋

Beijing Cultural Relics and Museums

No. 4, 2018

SPECIAL CONTRIBUTION

1   Push Forward Practical Work by Constant Inquiries: An Elementary Introduction on How the 5·18 International Museum Day Realize the Super Connection

by the Publicity and Education Center of Beijing Municipal Administration Bureau of Cultural Heritage

HISTORY AND GEOGRAPHY OF BEIJING

5   Research on the Restoration of the Form of the City Wall and Moat, the Street Layout of the Tongzhou City during Ming and Qing Dynasties

by Cheng Cheng

19   Study of Historical Sites of the Esoteric Buddhism in and around the Dajue Temple in Ming Dynasty

by Wang Song

26   A Survey of Routine Work in the Yuanmingyuan in Qing Dynasty

by Zhang Lifang

CULTURAL RELICS RESEARCH

34   Study of the Epitaph of Zhao Haogu in Jin Dynasty

by Zhou Feng

39   On the Function of the Bone Graft Brush in the Klin Sites of Song and Jin Dynasties

by Jia Shuai

43   Apply Craft to Jade, Like Carving and Polishing: The Times Sense of Jade Wares and Jade Culture of Qing Dynasty

by Dong Yin

ARCHAEOLOGICAL RESEARCH

53   Open a New Era of Underwater Archaeology of Beijing

by Guo Jingning

MUSEOLOGY RESEARCH

62   Talk about Xu Beihong with Poetic and Pictorial Splendor: Briefly on the Poetry Art of Xu Beihong

by Gao Xiaolong

目录 | Contents

- **69** On the Location and Function of the Character Memorial Hall: Understanding and Research Based on the Collection Resources of Xu Beihong Memorial Museum
  by Li Qing

- **75** The Life of Beihong: Xu Beihong's Collection of Chinese Paintings and the Collection Opinion
  by Du Yongmei

- **84** Big Aesthetic Education Concept and Core Quality Cultivation: Analysis of the Teen-agers Education Resources of Xu Beihong Memorial Museum
  by Li Yao

- **93** On the Digital Construction of Cultural Relics in Collection in the New Media Era: A Case Study of Xu Beihong Memorial Museum
  by Tang Yahan

- **100** Analysis of Museum Art Thought of Xu Beihong
  by Liu Ming

- **107** On the Development of Mini Type and Medium Type Museums under the Concept of Shared Economy
  by Zhang Lei

CULTURAL RELICS PROTECTION

- **112** A Brief Account of Taking up on the Spot and Protection of Lacquer Ware Unearthed in Beijing in Recent Years
  by Dong Yugang

DOCUMENTS AND MATERIALS

- **117** Chronicle of Events Concerning Cultural Relics and Museums of the Beijing Municipal Administration Bureau of Cultural Heritage (3rd Quarter of 2018)
  by Office of Beijing Municipal Administration Bureau of Cultural Heritage

- **120** Comprehensive Table of Contents of Beijing Cultural Relics and Museums in 2018

Editorial Board of *Beijing Wenbo*

Advisors: Li Xueqin, Lü Jimin

Chairman: Li Boqian

Vice-chairmen:

Shu Xiaofeng, Kong Fanzhi, Wang Shiren, Qi Xin,

Ma Xigui, Wu Menglin, Xin Lixiang, Ge Yinghui,

Jin Fengyi, Guo Xiaoling

Members:

Yu Ping, Wang Dan, Wang Gang,

Wang Danjiang, Wang Yuwei, Wang Youquan,

Wang Peiwu, Wang Qinglin, Lu Yinghong,

Bai Yan, Xiang Dechun, Liu Sukai, Liu Chaoying,

Qi Dongfa, Guan Zhanxiu, Xu Wei, Xu Lihua,

Song Xiangguang, Yang Yulian, Yang Shuguang,

Li Chen, Li Jianping, Xiao Yuanchun, Wu Zhiyou,

He Pei, Zhang Dehua, Fan Jun, Ha Jun,

Hou Zhaonian, Hou Ming, Xi Zhiqun,

Gao Xiaolong, Gao Kaijun, Guo Bao, Cui Guomin,

Han Geng, Han Zhanming, Tan Liefei, Xue Jian

Editor-in-chief: Qi Qingguo

Executive Editor: Han Jianshi

Director of the Editorial Office: Gao Zhiwei

Managing Editors of this Volume:

Han Jianshi, Chen Qian, Gao Zhiwei, Kang Naiyao

Hou Haiyang

以不断探问推动实际工作

——浅谈"5·18国际博物馆日"如何实现"超级连接"

北京市文物局宣传教育中心

2018年5月18日是第42个"国际博物馆日"（以下简称"博物馆日"），主题为"超级连接的博物馆：新方法、新公众"。主题阐释为："博物馆是连通当地社区、文化景观和自然环境的纽带。为了充分发挥这种连通作用，不断吸引新的观众并增强彼此的联系，博物馆必须开创藏品阐释与展示的新方法。这种创造性转化和创造性发展，不仅是新科技、新媒体的探索与实践，还包括理念的变革与创新。"北京市文物局将这个重要课题积极应用于实际工作中，以"博物馆日"为契机，以厚重的北京历史文化为依托，以巩固、创新等多种形式为手段，开展了一系列多渠道、多层次、重策划、重特色的宣传活动和相关工作，旨在探究"博物馆日"应如何实现"超级连接"属性。

一、探寻新方法，让更多公众共享文物资源

近年来，媒介环境发展迅速，尤其是互联网发展十分迅猛。习近平总书记在十九大报告中明确提出，要积极开展网络宣传，用好新媒体平台的新技术新应用，充分调动网民参与积极性，增强网络宣传的实效性和影响，更在报告中多次强调："构建文化自信，让中国优秀的传统文化鲜活起来。""要推动中华优秀传统文化创造性转化、创新性发展。"如何利用互联网进行宣传推广，成为了一个重要课题。

今年，"博物馆日"不再只局限于固定的、可容纳人数有限的实体主会场中，而是以互联网的强大辐射体系为有效载体，推出"网络5·18"这种创新形式，以网络的"链接"带动博物馆的"连接"，打造"无地不网络，随时5·18"的效应，让更多公众享受到更多文物资源。

今年，政务网站合力发声，首都之窗、千龙网及市文物局官网合力推出3个专题页面（图一），分别从不同侧重点反映今年特点，以视频、音频、文字、图片、访谈、问答等为呈现形式，展现出了北京地区博物馆事业繁荣发展的全貌。其中，首都之窗专题页面推出四大

图一 首都之窗的"网络5·18"专题页面

特约专稿

图二 千龙网"闻悟北京"专题页面

图三 "网络5·18"手机百度APP推荐频道

主题板块——"超级'链'接：5·18谈今与昔""超级'链'接：5·18聊创与新""超级'链'接：闻·悟北京""博物馆馆长茶座"；千龙网专题页面重点解读"闻·悟北京"系列活动（图二），为"网络5·18"增添了一抹新的元素；市文物局官网专题页面则从全局角度出发，介绍了博物馆日总体情况。此外，为使"网络5·18"形式更加丰富、动静结合更加紧密，还推出了"北京市文物局等单位谈'超级连接的博物馆：新方法、新公众'"的直播访谈，邀请市文物局副局长、新闻发言人于平和北京博物馆学会副理事长、秘书长崔学谙走入演播厅，解读今年博物馆日特色，与市民积极互动。

值得一提的是，今年的"网络5·18"还首次尝试与商业网站百度合力进行宣传推广，以"手机百度"APP和百度新闻首页为平台，通过内容聚合页、Top资源位推广、热搜词推广、旗下各产品共同推广等多种渠道实现了宣传推广（图三），并同步推出了内容聚合页。据不完全统计，博物馆日期间推出的3个专题页面及1场直播访谈，在商业网站助力推广的作用下，点击总量由80余万跃升至500余万，全面展示了北京地区博物馆事业繁荣发展的全貌。许多未曾走入博物馆的公众第一次建立起了对博物馆日的认知，成为了"超级连接"下的新公众。

二、凝聚众力量，共同谱写文化一脉新篇章

博物馆日期间，全市多家博物馆根据自身资源特点，策划了多项精彩的展览和活动。据不完全统计，共推出93项主题活动，包括46项展览、5项讲座、42项活动。5月18日当天，多达99家博物馆对市民免费开放。此外，还着重推出了一批具有代表性的重点活动，如"京津冀博物馆协同创新发展合作协议签约仪式暨5·18国际博物馆日系列活动""畿辅通会——通州历史文化展""2018北京文化创意大赛文博产品设计赛区活动""科技连接博物馆——北京地区青年学术演讲比赛""依标准治馆 全心服务 让博物馆更有温度"展览、"正阳之夜""2018燕国达人"系列活动等，均对今后博物馆事业发展及社会宣传起到了导向性作用。

近年来，京津冀三地博物馆协同发展已成为今后一个时期内博物馆事业的发展趋势，为此今年推出了系列围绕三地博物馆整合资源、共同发展的典型重点活动。例如，京津冀三地文物行政部门及部分在京中央部委所属博物馆正式签署"京津冀博物馆协同创新发展合作协议"，并联合建立了"京津冀博物馆协同发展领导联席会议"制度；北京市正阳门管理处结合自身特色资源，以"从零出发"、穿越"京津冀"、沿"一带一路"飞往南部非洲的活态文物"北京雨燕"为主题，推出"关注北京雨燕、策动文化扶贫"系列活动，

联合多家单位共同发起京津冀博物馆文化扶贫项目——"雨燕计划"倡议,并于活动现场正式为"京津冀博物馆协同发展推进工作办公室"授牌;此外,历年"博物馆日"品牌项目"燕国达人"系列活动也继续推出,一场古文化研学之旅再次搭建起了一座通往历史的桥梁,带领公众重走探寻京津冀大地之路。

可见,及时把握博物馆事业发展趋势,着力推出典型主题活动,串联文物资源,才能实现"博物馆日"的"超级连接"属性,谱写博物馆文化一脉的新篇章。

三、首创新品牌,提升首都文物事业影响力

博物馆事业作为北京全国文化中心建设的重要组成部分,现阶段,已通过"博物馆日"等重要时间节点形成了一定影响力,而在此基础上,如何充分展现北京独有的文化内涵和情怀再次成为新的课题。为此,今年"博物馆日"尝试与"文化和自然遗产日"串联(以下简称"两日"),推出"闻·悟北京"系列活动,力求成为首都文物事业一个新的"文化品牌"。

"闻·悟"二字取自"文物"的谐音,其中,"闻"字代表获取方式,是听闻、见闻,"悟"字则代表表达形式,是领悟、感悟。"闻·悟北京"倡导的正是"倾听文物故事,说出你的感悟",旨在号召更多公众最大限度地与博物馆、遗产地零距离连接,共同讲述"我"与文物的不解情缘。系列活动共设四大主题和一大征集——"引·鉴""品·鉴""乐·鉴""听·鉴"及"闻·悟北京"作品征集活动,持续全年。其中,"引·鉴"活动邀请专家以"引"人入胜的方式进校园、进社区,5场宣教活动参与者累计高达1200余人;"品·鉴"活动邀请盲人代表走进博物馆感受为其量身定制的特殊文博体验(图四、图五),社会反响热烈;"乐·鉴"活动邀请多位曲艺工作者通过实地采风、交流研讨等形式(图六),创作出多种以文物故事为主题的精品力作;"听·鉴"活动与广播电台合作,打造多期《文化微课堂》等优质节目;"闻·悟北京"作品征集活动则提倡用"新方法"讲"新故事",面向所有公众征集不同人群关于文物的独特理解,微信平台"宣宣说吧"还结合征集活动,将此前固定推出

图四 "闻·悟北京"之"品·鉴"活动
走进北京石刻艺术博物馆

图五 "闻·悟北京"之"品·鉴"活动
走进大钟寺古钟博物馆

图六 "闻·悟北京"之"乐·鉴"活动
正阳门管理处采风

的栏目"大咖说"演变为"大家说",呼吁更多"新公众"一起谈文博。

在策划"闻•悟北京"系列活动的过程中,不仅感受到了不同人群看待文物的独特视角,同时系列活动也给予了文物工作者不少新的启发。一个好的"文化品牌",能够成为推动北京全国文化中心建设的重要抓手和载体,下一步,还将继续深入挖掘"闻•悟北京"内涵,不断提升文物事业的影响力。

四、打造宣传季,统筹引起阶段性宣传热潮

随着时代的不断发展,媒介环境也在发生变化,公众注意力日益成为稀缺资源。为此,今年博物馆日继续联合文化和自然遗产日,突出"宣传季"概念,以这两个时间节点为宣传高峰,先期策划,统筹宣传,同时借助新技术手段,深化了传播效果,引起了宣传热潮。

(一)与媒体先期沟通策划,共同搭建起广阔的文物宣传平台

根据往年经验及今年主题特色,前期与多家媒体单位重点对接,从宣传重点、宣传时段和宣传模式几方面进行了充分的研讨。各媒体单位从自身定位出发,以不同视角、不同形式共推出了19项内容翔实、形式新颖的宣传策划方案,与文物部门共同搭建起了广阔的宣传平台。例如,与《这里是北京》推出专题节目《"闻•悟"北京,不一样的博物馆》,阐释了活动主旨;与首都之窗、千龙网在策划"网络5•18"的基础上,还分别策划推出了5期的馆长访谈节目《博物馆馆长茶座》和《行走文化带•馆长说》,邀请馆长讲述馆藏精品与博物馆故事;与北京文艺广播"打开文化之门"栏目共同策划"中华家风"系列,结合访谈和场外互动,感受名人故居、纪念馆的风采;与中央人民广播电台文艺之声"文化聊吧"、北京城市广播"博物馆,有范逛"在推出长期性节目的基础上,继续创新,如与北京城市广播共同推出的5期《博物馆里的北京城》特别节目,以小见大,讲述北京不同时期的文化风貌……

(二)新媒体平台"全副武装",最大限度获取公众注意力

市文物局"两微一端"新媒体平台(官方微博、微信、"今日头条"客户端)顺应传播趋势,充分利用主题装修、博物馆日特别声音等新创意,H5、声音图文、微视频、MG动画等新技术进行"全副武装"。推出特别声音"一起开启今年的'两日'之旅吧",对"两日"启航的期冀娓娓道来,主题色彩沿用青绿色,营造出博物馆事业蓬勃发展的氛围;于5月18日前夕推出"5•18邀请函"H5,以充满科技感的设计作为总体基调,烘托"超级连接"主题特色,详解"网络5•18"各通道入口,聚集更多目光;围绕"闻•悟北京"之"品•鉴"活动,专门制作了"博物馆的声音"音频,透过正阳门的雨燕声、大钟寺的钟声等独具特色的博物馆代表声音,带领公众通过听觉感受博物馆的独特魅力,该创意得到了《北京日报》等多家媒体的重点关注。局属单位17个微信平台和23个微博平台也继续进行矩阵式同步宣传报道,传播效果立体、深度,凸显"超级连接"属性。

习近平总书记指出:"中华民族历史悠久,中华文明源远流长,中华文化博大精深,一个博物馆就是一所大学校。"近年来,作为首善之都的北京,在博物馆的软硬件条件、服务接待水平、馆容馆貌等方面都有了较大的改善和提高。全市博物馆在办好基本陈列的基础上,每年都在结合自身资源特色,举办大量形式新颖、内容精彩的临时展览与活动。在此基础上,面对新的挑战和机遇,博物馆人应以不断探问带动实际工作,顺应新的时代环境,从探寻方法、凝聚力量、创新品牌和加大宣传等多个方面实现"超级连接"属性,共同守护好首都这张"金名片"。

明清时期通州城城池形态、街巷布局复原研究

程 呈

通州位于北京市东南部，北临通惠河，东临大运河，西通北京城，"上拱京阙，下控天津"。自元代至清末，通州城作为北京粮储转运的枢纽，紧握京城生存命脉。2014年6月22日，随着大运河"申遗"的成功，通州作为通惠河北京旧城段、通惠河通州段周边的重要历史城市，未来的保护与发展更加任重道远。然而通州将今城叠压在古城之上建设，使得遗存所剩无几，相关研究资料亦十分匮乏。利用古今重叠型城址的研究方法对其城池形态、街巷布局进行研究，可以找寻通州城城市演变的发展轨迹，从而为今后该区域内进一步发展建设与遗产保护提供参考。

一、研究现状与方法

明清时期，通州作为通往北京漕运的关节点，地位超然，素有"一京二卫三通州"的说法。自20世纪80年代至21世纪初期，对通州城形态的研究经历了三个时期，分别呈现出不同的特点。20世纪80年代，相关研究处于探索阶段，论著并不多见，仅有若干对通州城的历史沿革、政治地位、格局分布等方面的简要研究[①]。至20世纪90年代后，对于通州城的研究深入到了对城中街道、建筑历史沿革的初步研究，如通州城街道和胡同的历史沿革，以及水路交通的发展状况等[②]。21世纪初期，对通州城形态、布局的研究更加深入，对通州地区的古地名、街名等进行了深入探源[③]，更详细地针对通州地区的现存文物进行了梳理和研究[④]。

古今重叠型城址研究方法[⑤]是针对现代城市叠压建造在古代城址之上的城市进行研究的方法。这样的城址往往因为建造了大量今人的城市设施并且仍在继续建造中，已经不具备大规模考古发掘的条件。想要对这种城市的古城进行研究不仅困难，且也急迫。对于古今重叠型城址的研究步骤主要有文献收集与整理、田野调查和综合分析三个方面。遵循"减法原则"，由今至古地逐层复原古代城市功能结构。研究方法的实质是：将田野考古地层学的观念转移到整个古今重叠古城遗址的研究上去。

本文将以《通县志》《日下旧闻考》《清史稿》等古籍文献资料为基础，参考《北京市通县地名志》《通州文物志》等资料，并结合明嘉靖二十八年（1549）《通州城图》（图一）、清康熙三十六年（1697）《通州城图》（图二）、清乾隆四十八年（1783）《通州城图》（图三）、清光绪九年（1883）《通州城图》（图四）、1938年通县公署总务科编《通县城图》（图五）、1954年通州市人民政府制《通州市区域平面图》（图六）、1980年的《通州镇平面图》（图七）及明弘治九年（1496）《漕河图志》（图八）、1928年顺直水利委员会实测通县地图（图九）等史料地图，结合《潞阳遗韵：通州区第三次全国文物普查项目汇

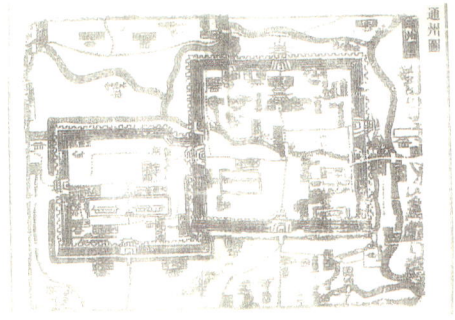

图一 明嘉靖二十八年《通州城图》

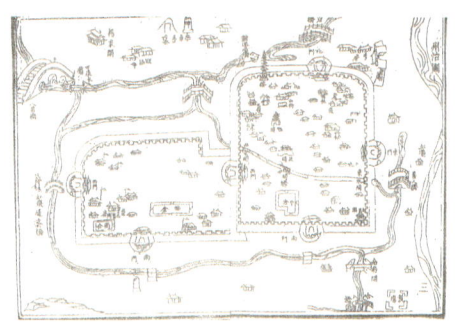

图二 清康熙三十六年《通州城图》

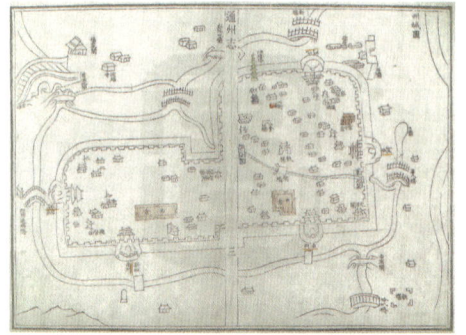

图三 清乾隆四十八年《通州城图》

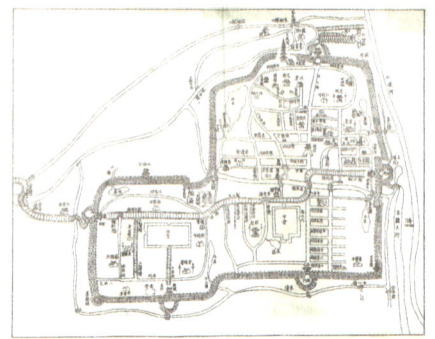

图四 清光绪九年《通州城图》

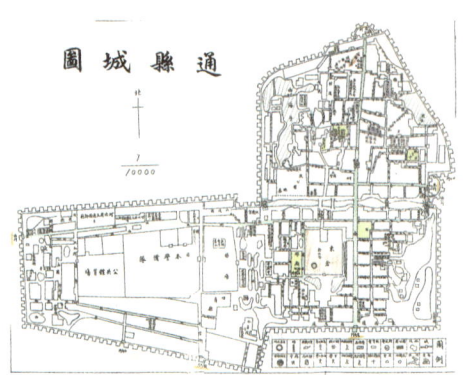

图五 1938年《通县城图》

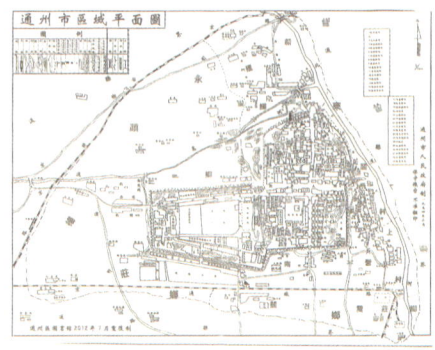

图六 1954年制《通州市区域平面图》

图七 1980年《通州镇平面图》

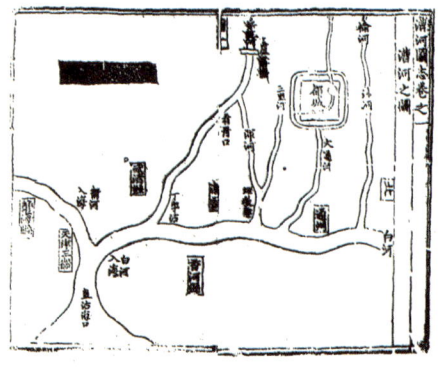

图八 明弘治九年王琼主编《漕河图志》卷一《漕河之图》

图九 1928年顺直地形图——通县—香河
（引自《侯仁之与北京地图》）

编》等成果、《通州区域平面图》等地图和照片资料，以及笔者先后多次对通州城进行踏查所采集的大量照片等资料，对通州城现有古迹的数目、保存状况等进行整理分析，从而考证通州城在明清时期的城池形态和街巷布局等相关问题，简要分析其成因，并以《通州市区域平面图》为底图，绘制大致形态和布局，对所做研究成果加以示意（图一〇）。

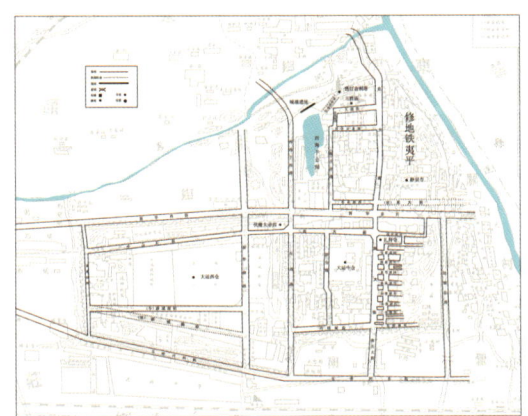

图一〇 今通州遗存分布示意图

二、明清时期通州城城墙形态和城门布局

（一）历史沿革

通州地区虽然历史悠久，但是由于史料的匮乏使得该地区早期是否有城、形态如何、状况怎样等问题无从查考。现仅从清人的发现中可知唐代时通州现城区范围（即大运河西岸地区）内的确建有城，且大致范围应在明清通州城东北部。

清代早期，通州当地人曾在城南发现唐代莫州长丰县县令李丕之墓及墓志。墓志中记载，唐代长丰县令李丕"葬于县之南三里，潞水之右……屹然孤坟长城之东，死生永隔天地不同"[6]。清代通州举人刘锡信在《得唐长丰令李丕墓志石记》一文中却记载该墓的位置在"城南一里许"[7]。由此推测唐代通州城的范围与清代不同，应更往北。

今通州运河西街路东，位于明清时期通州城南"一里许"有原窑厂村村址一处，建于一段"西北—东南"走向的长条形土岗之上。经相关学者考证，这段土岗应为一段北齐长城的遗址，长约150米，基宽15～17米，残高3～5米不等，现为通州区文物保护单位（照片一），疑为李丕墓志中记载的"长城"。

照片一 今北齐长城遗址

唐代灭亡以后北京地区战乱频仍，至金代末期，蒙古国攸哈剌拔都跟从木华黎攻打通州，"献计，一夕造炮三十、云梯数十，附城，州将惧，出宝货以降"[8]。从攻打通州时需炮、云梯等军事器械可知，金代时期通州城必建有城墙防护。及至元代通州是否仍有城并无具体记载，文献中仅记载"编篱为城"。

今通州区现存大成殿、燃灯佛舍利塔、佑胜教寺、静安寺、礼拜寺及公判署铁狮子等遗存或为元代始建，或为前代所建元代沿用。而其中，仅礼拜寺与悟仙观位于通州区新华大街以南。元代时通惠河口并不在通州城北,而是在通州城南张家湾高丽庄附近与运河交汇,因此运河的枢纽地区应为当时的通州城南关外及张家湾城地区。在生产力低下的封建社会,漕运需要大量人力,因此在通州城南聚集了许多前来务工的回族人,年深日久形成了小型聚居区。他们长期居住在此,修建礼拜寺以满足其宗教需求,所以礼拜寺应在元代通州城城南外(图一一)。

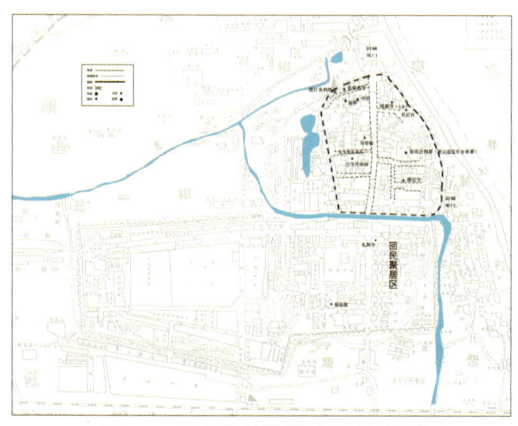

图一一 元代通州城范围复原示意图

明洪武元年(1368)闰七月,明军攻克通州城,并命燕山中闽侯孙兴祖督军士修通州城。城设四门且具有楼,"周长九里十三步"⑨,城高(包括女墙)约10.7米。

明正统年间,总督粮储太监李德与镇守通州指挥使陈信等奏请抢筑新城,意在将建在旧城西门外的西、南仓围于城中以加强保护。正统十四年(1449),新城建于旧城西关外,"城周围八里,高三丈二尺"⑩,设西、南二门并建有城楼。另外,为了增加通州新城的防御功能,除了修建城楼,还在城上多次加修炮台。正德六年(1511),右都御使李贡又奏请为新城加筑了垛墙、敌台等,并为西、南二门也加修瓮城,使得新城各门"重门悬桥,皆旧所未有"⑪。

但是,因修筑新城"时属仓卒,规制未备,高止丈余,视旧城不及其半"⑫,至正德六年时新城的城墙已开始出现"砖石剥落,外内出入,可登而越也"⑬的状况,再加上当时又有"流贼为患"⑭,所以右都御使李贡奏请增修新城,并将"新城旧基增筑五尺,垛墙(加筑)六尺有咫"⑮。万历十九年(1591),"密云兵备道王见宾详准奏修新城"⑯"工料至五万金,大加拆修连垛墙……南门题曰:望帆云表。西门题曰:五尺瞻天。"⑰新城城墙"高三丈五尺,厚丈余,长一千三百四十丈有奇"⑱。

明代时期新、旧二城由于修建时代和功能及后期修缮程度的不同,规制并不统一。清康熙九年(1670),通州知州宁完福奏请统一新、旧二城规制,墙体统一为下宽上窄的梯形,"城根宽三丈四尺,顶宽二丈三尺"⑲。整修之后,新、旧二城城墙高与厚度均成一致,"旧城周围一千六百二十六丈五尺,新城周围一千二百六十三丈。"⑳

清乾隆三十年(1765)总督方观承奏请重修新旧城,使得二城合二为一。据史料记载,"其旧城拆去西面,共为五门,各建重楼。"㉑旧城三门分别为通运、迎熏、迎翠三门。新城二门名为"望帆云表"和"五尺瞻天"。从此彻底打通了通州城内从通州旧城东门至新城西门的运粮通道。

(二)形态与范围

明嘉靖年间《通州志略》中城池图所示,通州旧城为方形。而清康熙、乾隆年间《通州志》中城北城墙的两城角为圆形。至清光绪九年,《通州志》城池图中显示旧城北墙大体为"凸"字形。今通州区新华街道西海子西街12号,现存一处城垣遗址,据第三次文物普查结果可知,应为明代通州旧城北城垣遗存,总长约300余米,残高约1~6米不等,南临西海子湖及燃灯舍利塔,北临通惠河古道㉒。遗址为"东北—西南"走向,夯土结构。其西为三教庙,由文庙大成殿、佑胜教寺、紫清宫、燃灯塔组成。

文庙大成殿坐北朝南,面阔五间,

歇山顶，大殿前后有廊。殿内藻井为天花团鸿图，和玺彩画，金装墁地，殿前设杏坛。殿后有圣训亭一座、古井一口，始建年代不详。大殿西侧有康熙二十一年（1682）《重修通州学馆碑》一通，雍正元年（1723）《集贤碑》一通。文庙后西北为佑胜教寺，现有清式建筑若干，古树一棵。庙西为燃灯塔一座，塔为密檐式八角形十三层砖木结构实心塔，全高56米，由须弥座、十三层塔身与二层莲台塔刹三大部分构成，塔座上嵌有佛像、神兽和各种纹饰等，塔角都悬挂铜铃。庙内有民国二十五年（1936）所立《重修通县胜教寺记》碑一通，碑中记载"在光绪壬午前……添建东院紫清宫，移紫清真君于东殿，奉为口祠嗣经"，现仅存一进清式建筑院落。文庙、佑胜教寺均为明清时期沿用前代。据嘉靖《通州志略》所载，元大德二年（1298）时，知州赵居礼建儒学于州治西。"明永乐十四年重修，正统间知州孙理，成化间付皓重修。"[23]正德年间，巡抚都御史李贡视学时觉得"明伦厅事浅狭，不便周旋。又以学西逼佑胜寺"[24]，因此提议将文庙迁移到佑胜教寺，后因升迁搁置。

此三庙一塔位于明清时期通州旧城内。根据城墙遗址的走向及三庙一塔的位置可推测，明清时期通州旧城北城墙应呈弧形向北凸出，城圈整体北尖南方。东边今有故城东路，为原旧城东面城墙沿城路；西有车站路，为原旧城西面城墙沿城路；南部今存顺城西街、顺城东街，为明清旧城南门内顺城西街、东街沿用至今。由此，明清时期旧城的四至大致应也可确认下来。

北至大致是：滨惠南一街、明代通州旧城北城垣遗存、东关大道一线；

西至大致是：西海子西路、车站路一线；

东至大致是：今滨河北路一线西；

南至大致是：顺城西街与顺城东街南一线。

明正统十四年，通州修建新城，旨在保护大运西仓与南仓。根据明嘉靖二十八年《通州志略》中《通州城图》可知新城位于旧城西，且新城形状为方形；而清康熙三十六年《通州志》中的通州城图可见新城形状为长方形。今通州区新华西街的自通惠南路至西海子西路段，地势北低南高，分布在路南侧的胡同、街道、建筑物地势均高于北侧，应为今城叠压于原新城上建设所致。并且在新华西街南仍保留有"新仓路""后南仓小学""新城南路"等名称。今玉带河西街呈"西北—东南"走向，街道地势较低，北侧仍然保留有"后南仓小区""西营房胡同"等地名。据《北京市通县地名志》载，玉带河大街（今玉带河西街、玉带河东街）主要路段是在原玉带河起始河段上盖板修筑而成的[25]。玉带河即原通州城南护城河。

文献资料中新城东面无墙，与旧城西面城墙相连，北城墙东部向城内凹进后再与旧城相连，而南城墙呈正东西走向与旧城西墙相连，新城整体形态大致呈方形。在城内有一条主街，连接新城西门与旧城西门，呈正"东—西"走向。另有一条街道在西仓南，也呈相同走向。但是史料并未记载这两条街道的名称。清光绪九年《通州城池图》中连接新、旧城西门之间的街道名为新城大街，西仓南侧街道名为新城南街，两条街道均为正"东—西"走向。在民国二十七年《通县概况一览》及1954年通州地图中可以看到，新城大街已经更名"新城北街"，其街道呈"西南—东北"走向，新城南街呈"西北—东南"走向，且新城的北墙与南墙也同样呈现与街道相同的走向。据《北京市通县地名志》记载，新城北街后又因纪念孙中山先生而改名为"中山大街"[26]。据踏查情况来看，现通州区中山大街呈"西南—东北"走向，与1938年和1954年地图记载一致。明清时期新城的三至大致也可确认下来。

北至大致是：新华西街一线南；

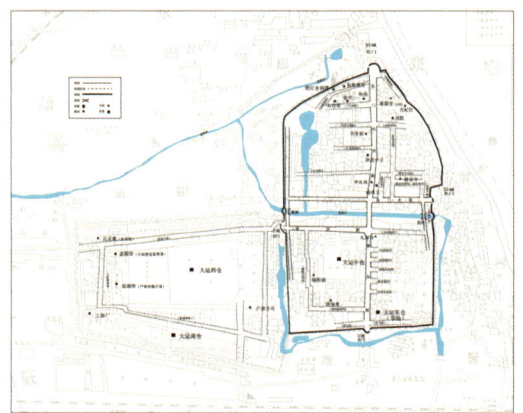

图一二　明洪武元年通州城布局复原示意图

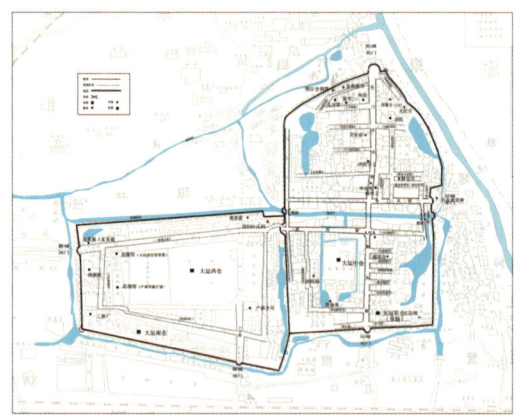

图一三　明正统十四年至后通州城布局复原示意图

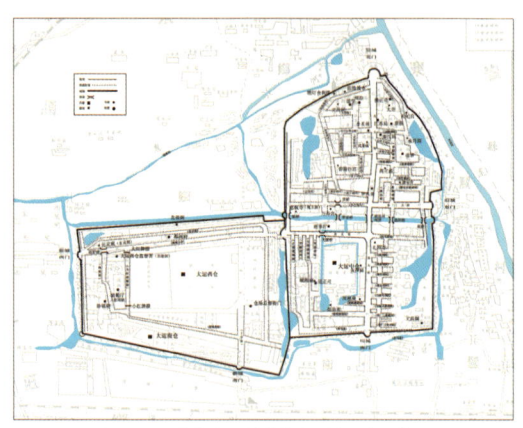

图一四　清代初通州城布局复原示意图

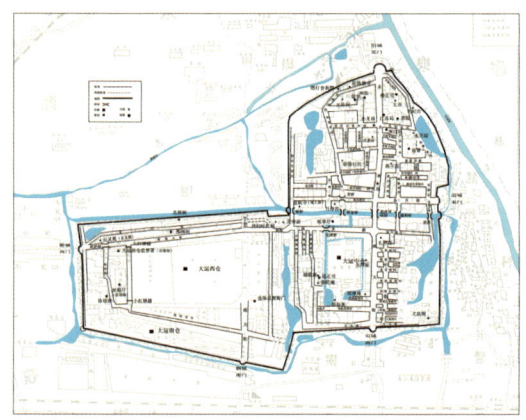

图一五　清乾隆三十年至后通州城布局复原示意图

年为第二阶段，通州城呈"凸"形（图一三、图一四）；乾隆三十年以后为第三阶段，通州城呈"凸"形（图一五）。

（三）城门位置

据文献记载，通州城旧城原有东、西、南、北各一座城门，分别通往四条主要街道。新城有西、南各一座城门。六座城门都有城楼，且均有瓮城。2012年7月9日，北京通州修建地铁的过程中，在位于新华东街和滨河北路交叉口以西200米的地面交通干道位置，无意间发现了明清时期的东城门和瓮城遗址。

乾隆三十年，新旧二城合二为一，拆掉了旧城西城墙，而旧城西门却被保留下来。今伏魔大帝宫遗址，位于新华东街与新华西街交会处。清代时称关帝庙，是由知州万廷兰于乾隆三十一年（1766）所建，道光二十二年（1842）"大殿焚，经州绅劝捐重建"[27]，现今仅存若干石条、石座（照片二）。在约1936—1937年间所拍摄的通州伏魔大帝宫照片中可见，此庙山门为三间二层，筒瓦歇山顶，下层为三券洞门（照片三）[28]。从照片中物体影子的位置可以推测，此山门应为坐西朝东方向。另有约20世纪50年代前期的照片，拍摄伏魔大帝宫南侧（照片四）[29]，可清晰看到山门坐西朝东而立。清代旧城此处城墙被拆后，旧城西门遭到废弃，所以通州知州万廷兰将它改为了伏魔大帝宫山门。

康熙十八年（1679），根据通行需

西至大致是：通惠南路一线东；

南至大致是：玉带河西街一线以北。

综上所述，明清时期通州城形态变化可以分为三个阶段，明洪武元年至正统十四年为第一阶段，通州城呈"口"形（图一二）；明正统十四年至清乾隆三十

明清时期通州城城池形态、街巷布局复原研究

照片二　今伏魔大帝宫遗址处石座、石条

照片三　伏魔大帝宫（约1936—1937年）

照片四　伏魔大帝宫南侧（约20世纪50年代前期）

照片五　新城小南门（约20世纪30年代）

求在旧城东门旁增加北小门一座，以使漕粮和百姓可以分开通行，"旧城北门外：卧虎桥井，高井在盐滩盐店。旧城北小门外：土坝井，龙王庙井，大王庙井，给孤

寺井，板桥井，官店后井"[30]。然而此门的具体位置史料中并无记载，从实地踏查中也无法判断。

据实地踏查所见，今中山大街东段呈向北的弧形，造成这种现象的原因应与明万历十九年王见宾修新城有关。此次修筑新城时，为了通行的方便，旧城西门"瓮城门原向北，万历十九年改向南"[31]。

约20世纪30年代时，新城南城墙有一个小南门（照片五[32]）。早在清嘉庆、同治年间，天主教、耶稣教相继传入通州，发展迅速。民国《通县志要》云："由新城南门至西南角之间另有一门，较各门为小，俗曰小南门。"[33]光绪二十七年（1901）牧师谢恒楼等"和议告成后购晒米厂建筑学校。为时南门内建有证道堂，因出入城门不便，请于州牧吴兆毅申准上宪，另辟一门以便出入"[34]。从照片中可清晰看到，该门无城楼、瓮城等。

三、明清时期通州城水系分布与街巷布局

（一）通惠河水道

通惠河是北京至通州的漕运河道。据《元史》所载，元代郭守敬主持修建漕运河道，开辟通惠河"上自昌平县白浮村神山泉"[35]，向东至大都，再穿过大都，"东至通州高丽庄入白河"[36]。元至元二十九年（1292）开工，至元三十年（1293）完工，"总长一百六十四里一百四步"[37]。该河道一直沿用到了明代，从明弘治九年的《漕河图志》中可以清晰地看到，通惠河水道从大通桥向南而下，在通州城城南张家湾汇入大运河。

明代中期时，白浮泉断流，水源枯竭，元代通惠河河道不能行船而日益湮塞。嘉靖六年（1527），巡仓御使吴仲奏请重新疏通惠河河道。在此过程中，吴仲为了"可省四闸两关转搬力"[38]，特将通惠河与北运河漕运交汇点改在通州城北，并在通惠河河口处修建一座石坝方便船只

·11·

卸运。这样北运河来的船就可以由人工搬运米粮到石坝的上游，然后再重新装船继续上行运到大通桥，再转陆运到朝阳门附近的仓库。

今通州区内通惠河在通州老城区以北汇入大运河。在通惠河与潞河（北运河）交汇处还有明代石坝码头遗址和清代大光楼遗址。石坝在通州城北，嘉靖七年（1528）置，"乾隆四十九年，改南坝台矾心草坝为灰土护坝"㊴。大光楼原为清式建筑，两层，坐东面西，背临大运河，楼门上原有"大光楼"牌匾。据史料所载，明清两朝户部官员曾在通惠河与潞河（北运河）交汇处验收漕粮，在此建楼，以便能够使漕粮运输检查等工作一目了然。此楼后在光绪二十六年（1900）庚子之乱时遭八国联军烧毁。

清末民国时期漕运凋敝，而通惠河也再次淤塞，因此不再担任漕运功能。今通州通惠河作为历史文化景观得到综合治理，成为了通州地区文化的标志性遗迹。

（二）池的分布与形态

明清时期通州城新旧二城俱有池，旧城城池始建年代不详，史料仅见对新城城池建设略有记载。明正德六年，巡抚李贡巡视至新城，因流贼为患而深以为忧，于是下令"引水而环之三周"㊵。而此时旧城应也同样有自己的池。后因年久，至万历年间时两城的池变为"两城隍"㊶。万历二十二年（1594），户部郎中于仕廉环视了"两城隍"，认为可以合并为城池。他将通惠河水从城北引来注入池中，使得池"可通漕舟，省陆挽费，诏如议浚之"㊷，并在池上建闸一座、桥四座。这项工程最终由郎中杨初东将其完工，一直沿用至清代。清代也曾多次进行疏通，如乾隆二年（1737）"知州韩亦诗详请挑挖护城河"㊸。

光绪年间，新城北池已经消失。至1928年时，从通县—香河县顺直水利委员会实测的图中可以看出，城北仅剩通惠河水道。

现存地名"玉带河西街"部分应为原新城北池的所在地。踏查中见今玉带河西街和玉带河东街街道相连，大体为东西走向。东街与故城东路、车站路、新华南路十字相交，西街与新华南路、新仓路、通惠南路等十字相交，并形成几段曲折。西街地势略低，在与新华南路十字交会处微微向北弯折，从与通惠南路十字交会处向西北方向倾斜，形成大钝角。此街道形状多曲折，应为原护城河因循城墙形状分布所致，并且地势较低于其他街道，应为填塞清代护城河北段而形成。据此可大致复原出城池位置和走向。

（三）城内水道

明清时期旧城中原有水道穿城而过，自旧城西墙西水门流入，向东穿旧城北部，自旧城东墙东水门流出，向南汇入大运河。明嘉靖年间旧城中横穿通惠河支流，"历东西二水门，东南入潞河"㊹，过通州南大街形成通流闸闸桥，与旧城西、东大街平行。乾隆年间，西水门"已填塞，门外有额'书成治门'四字，后改作火药局"㊺，东水门北侧有通州旧城东门。至1928年时，从通县—香河县顺直水利委员会实测的图中可以看出，此水道的城外段已经消失。1953年的老照片中可以看出，当时正在改造通惠河城内支流河道。图中河道两侧堆积有许多城砖，河道右侧（北侧）隐约可见钟鼓楼和万寿宫（照片六㊻）。今通州区新华西街—新华东街一线为东西向街道，总长约3700米。其东街东端北侧在2012年修筑地铁时发现明清时期东城门遗址。新华东街从通惠南路交点至车站路交点段，街道呈南高北低状，北侧应为新城城区；自车站路交点往东，街道地势低，此段则应为原通惠河支流河道所在（照片七㊼）。新华东街街道与南、北大街交会处地势有明显凸起，史料记载结合地势可知，原南、北大街与通惠河城内支流交会处有通流闸一座，上有通流桥，此处应为原有通流闸闸桥位置（照片八）。

街",其余未变化(照片九)。现存北大街、南大街、西大街地势皆高于周围建筑和街道,位置也与地图、资料中相符,然而东大街已无存。

明正统十四年通州修筑新城,将西仓和南仓围在城中,因为西仓位于新城中间,所以使得街道呈环形围绕仓储布局。从明代通州城图中可以看出,新城城内有环形街道。

主街位于新城北部,为东西向街道,连接旧城西门与新城西门,未有街名记载,清代时称为"新城大街",民国时称"新城北街"。清代,主街南北两侧各有一环形街道。北侧环形街道为"后街",南侧环形街道由三条街道组成,分别为帅府街、南街及西仓东侧一条南北向街道。两条环形街道分别与主街相交形成双"十"字。南街东与一条连接南门的南北向街道交会,沟通南门与西仓门。今新华西街南侧,街道有中山大街、新城南街、通惠南路、新仓路等,基本保留了明代通州新城的环形格局。其中新城南街位置有待推敲。原新城南街为"西北—东南"走向,东端连接三官庙街。今新城南街为正"东—西"走向,东端连接四员厅街,与地图资料不符。在今新城南街南,发现有小街一条。在2013年的地图中显示

照片六 万寿宫(约1953年)

照片七 今南、北大街交会处

照片八 闸桥(20世纪50年代)

(四)街巷

1. 旧、新城主街

据明嘉靖二十八年《通州志略》所载,旧城中明代时共有四条主要大街:北门内大街、南大街、东门内大街和西大街。四门大街中,北门内大街与南大街相连于钟楼,而东门内大街与西大街并不相连。由于东西二城门分置于城中通惠河支流南北两侧,故而城中东门内大街、西大街分别与北门内大街和南大街相交,形成了两个"丁"字。清代,通州旧城街道继承了明代的四门主街格局,仅街名发生了变化,"北门内大街"改名为"北门大街","东门内大街"改名为"东大

照片九 南大街(1936年雪后)

为"新城南街",现已为居民小区,仅存东端不足50米的一段。此小街为"西北—东南"走向。街道地势较高,宽度窄小,两侧有些许清式建筑(年代不详)。基本情况与资料地图中记载契合度较高,应为原明清时期新城南街所在。

清代漕粮的陆运主要依靠通州城内道路。漕粮从旧城东门进入,沿原旧城东大街往西,过通流桥至西大街可达中仓,再往西行至新城北大街可至西仓或南仓,继续往西出新城西门可北上进京,直抵朝阳门。雍正七年(1729),"州至京师朝阳门四十里,孔道冲趋轮蹄络绎,每逢雨雪泥淖难行,且地势日久益洼,每年修治不易"[48]。为了漕粮能够顺利运入京及各仓,"敕下所司相度鸠工,起洼为高,建修石路"[49]。石路经过新城、旧城至各仓门及东西沿河两道,"共计长一千五十余丈"[50]。它将原有的通州旧城东大街、通州旧城西大街、通州新城北街用青石铺就,融为一体。石路横贯整个通州城,延续入京,被称为"通州石道",即今天现存的"中山大街—西大街"。

2. 旧、新城其他街巷和桥梁等

古代城市中,除了设置有主街之外,一些规模较大的城市也会根据生活需要或者功能建筑形成小街巷。明代和清代前期的文献中对于通州城的小街巷并无详细记载,仅在清光绪《通州志》的图中标明了一些街道的位置关系、走向和名称。但是根据街巷有延续性这一特点,以及现存街巷情况和民国时期的资料,大致可复原出明、清时期通州城内路网情况。

清代光绪《通州志》中有明确记载的街巷有:

旧城北大街两侧:西塔胡同、如意胡同、蔡家胡同、豆腐巷、教子胡同、堂子胡同、鱼市、东塔胡同、后剪子胡同、前剪子胡同、沙竹胡同、靳家胡同等;

旧城东大街两侧:北果市、南果市等;

旧城南大街两侧:马家胡同、熊家胡同、四眼井胡同、史家胡同、白酱胡同、大条胡同、二条胡同、三条胡同等;

旧城西大街两侧:新街、小烧酒胡同、半截胡同、大烧酒胡同、中仓胡同等;

新城大街两侧:北后大街、帅府街、南街、十字街等。

还有一些小街巷在光绪《通州志》中仅有街而无名称的标注。其中一些可根据其围绕的衙署、寺庙等建筑,结合史料和遗存进行确定。明代时期路网亦可据资料与现今遗存情况互相印证着复原一部分。

(1) 州治、衙署附近街巷

明洪武三年(1370)始建通州州治,位于旧城"城北门内以西"[51]。天顺六年(1462)时毁于火灾,后知州何源组织修缮。崇祯十七年(1644),李自成路过通州城,兵灾致"州治堂舍多毁"[52]。州治西为儒学,沿用了元代的儒学建筑。再往西为太仆馆,俗呼验马厅,"南北三十步,四围栽柳,点马之时,人马具得休息。"[53]嘉靖年间,验马厅破败,"今馆基及池,具为居民占焉"[54]。清初多沿用明代衙署。康熙十八年通州地震,州治及大多数衙署尽圮,后又在原址重修,直至民国时仍被沿用未曾改变。明嘉靖六年,州治西南建有管河衙门工部管河分司,所以在州治前街道口"奎星楼"楼上嵌有石匾"司空分署街"字样,此街就命名为司空分署街,至清代一直被沿用。司空分署大街位于北门内大街西侧,东西向,与北门内大街亦构成"丁"字格局。现仍存有"司空分署街"(照片一〇)。

照片一〇 今司空分署街

衙署附近亦会形成街巷，方便出入。明洪武年间在通州旧城内建立东察院，清代改为试院（贡院），其前形成贡院前街；洪武三十三年（1400）添置神武中卫，在钟鼓楼后西北其旁形成通州街；洪武三十五年（1402）添设定边卫，在州治西南，其前形成定边街。清康熙年间，在旧城还设立有道署。这些衙署门前皆有街巷，在光绪朝图中就可见记载有街道，民国时又有名称记载。

（2）寺观附近街巷

明代通州地区的寺观"不下百六十有奇"，通州城内就不下20座。除了明代以前遗留下来的位于旧城北部北门内大街西侧的文庙、佑胜教寺、燃灯佛舍利塔、关帝庙等，东侧主要有静安寺等；位于旧城南部南大街西侧主要有元代所建悟仙观、城隍庙等。形成庙观自然会形成通行道路，年深日久，这些道路也会被固定下来，且名随寺观而得，如大关庙街、悟仙观胡同、城隍庙胡同等。

悟仙观在旧城南门内，元至正六年（1346）建，传说因洞清张真人炼修于此、白昼飞升故得名。后有道士蒋玉林因旧址建通明殿，奏请赐额，历久濒圮。明宣德三年（1428），住持道士陈元昇又进行了募修。清光绪九年时，悟仙观已经"尽圮"，仅存殿三楹。今悟仙观已无存，然而悟仙观胡同被保留下来。胡同内现尚可见几块大型石条、台阶等遗存。

通州城隍庙位于旧城西南隅、中仓胡同南侧，明洪武年间建造。弘治时期，寺庙毁于大火。后在正德初年，又由指挥王宣、知州邓淳倡募州人王鹰等十三人进行了重建，"一新制作，充拓其旧规。殿庑亭户，靓深高奕"[55]。清康熙、乾隆、嘉庆年间时，亦均有修建记载。道光二十二年（1842），城隍庙大殿寝宫起火，"道士樊嗣镇募，州绅毛毓琇、朱埕劝官绅商民捐重建，并添修诸殿配房等间。"[56]咸丰七年（1857），在州城隍庙后殿西院敕建殿三楹、碑二，为李壮烈公专祠。1938

照片一一　城隍庙牌楼及山门（约1938年）

年时城隍庙尚存，从旧照片中可以看到城隍庙牌楼及山门（照片一一）[57]。今已为居民小区，不见城隍庙遗迹，城隍庙街也已无存。

清代时，城内又多了周禅庵、三官庙等，因此形成相应若干街道。从这些寺观的建立时间及后世地图、文献中的相关记载，就可推测出这些街巷应该早已形成。它们也是组成通州城道路网的重要部分。

（3）其他街巷

从文献和明嘉靖二十八年《通州城图》中可知旧城西城门、东城门、南城门内均有马道。据清代、民国和20世纪上半期的各类地图可知，这几条马道应该确实在明代时期就存在，并且一直被使用。民国时在记载中仍可见，今尚存原旧城南门内西顺城街、东顺城街。

值得一提的是，清代旧城东南部、南大街以东的若干胡同，明代时已然形成，民间俗称"十八条半胡同"。中间有贯穿南北的中街胡同（照片一二），为清代时回族人为了方便前往北头清真寺逐渐形

照片一二　今中街胡同

成,纵穿九条胡同,构成了鱼刺形的胡同网络。如今,此处街巷尚存,路网布局清晰可见,且保留了原街道名称。

明清时期的城市道路带有一定的传承性。数目众多,仅做上述举例,其余不多赘述。

(4) 桥梁

明清时期新、旧二城另有桥梁12座,分别坐落于通惠河城内支流和主干道上。清代时记载位于旧城的桥梁约有7座。

西大街的无挡桥,始建年代失考,道光二十六年将闸桥改建石桥,光绪三年绅商重修。

黄桥(黄家桥)在乾隆年间记载位于州城鱼市内,至光绪年间,漕运凋敝,鱼市范围缩小,因此光绪九年的文献记载中称黄桥位于鱼市西。

罗家桥在旧城闸桥西,光绪元年(1875)知州高建勋等人筹款将其改建成了石桥。现存1953年改造万寿宫前水沟(即通惠河城内支流水道)的照片中可以看到有两座桥⑱。据有关照片的记载,照片前方的方孔桥即为罗家桥,而后方的独券平面石桥为黄桥(照片一三⑲)。

通利桥位于州闸桥东,由州人居文炳建,刘文熙修,道光二十七年(1847)时改建为石桥,现已无存。

薛家桥在州城东大街,具体位置无考。

元宝桥在州北门内西海子,光绪九年时已废。

位于新城的桥梁有赶驴桥、戴家桥等。西门内赶驴桥,从光绪通州城图中可以辨认,其位置应在新城北街上、新城西门内不远处。戴家桥,在通州新城南小门西。

3.街道格局

结合史料中的地图与踏查资料可以发现,通州城拥有着十分规整的道路结构,基本复原情况详见图一二至图一五。

首先,因循旧城中四门而在城中形成东、西、南、北四个方向的四门主街。然而这四条街道并非传统的十字街格局。因城中通惠河支流水道从通州旧城西横穿旧城,自城东流出,因此造成四条街道互相之间构成双"丁"字街道格局。这样的格局,由明清至今基本没有被改变,保留了明清时期通州城的街道格局,仅东大街道路痕迹基本已无法辨识。其次,新城道路因城门位置和城中仓储的位置呈现"8"字形道路格局。并且由于城内西仓为西小东大的梯形结构,造成城中两条主要的街道呈现"西南—东北""西北—东南"走向。

明清时期的城内街道格局除一些街道地名变化外,基本保留下来。从道路网络的发展状况可以看出,明代是城中道路格局的形成时期,奠定了整个通州城城市道路的发展格局。而清代受生产生活的影响,城内的道路向更加繁复的方向发展,道路网络逐渐进入了成熟期。

四、结论及形成分析

明清时期通州城由于多次扩建,形成了由新、旧二城组成的曲尺形城池形态。并且根据形态变化,可将其划分为三个阶段:明洪武元年至正统十四年为第一阶段,通州城呈"◠"形;正统十四年至清乾隆三十年为第二阶段,通州城呈"◠"形;乾隆三十年以后为第三阶段,通州城呈"◠"形。

通州城旧城北紧贴大运河与通惠河,形态受周边自然环境和人工河道的影响较大。旧城北临两河交汇处,形成夹角,

照片一三 万寿宫外河道改造(1953年)

受水流影响整体呈"南方北尖"的形态。"北城墙—东城墙北部（东面北）"一段向北凸出，南部呈比较整齐的长方形。旧城西城墙、南城墙和东城墙南部地势平坦，且无山脉河流限制，因此呈较为整齐的长方形。

明代由于漕粮逐年增加，永乐年间于旧城西关添建大运西仓、南仓。至宣德时期漕粮运额已高达670多万石[⑥]，创下明代时期最高值水平。正统十四年时，为了确保漕粮的安全，通州城扩建新城，将西仓、南仓围于新城之中。因此，新城的形态主要受建筑和街道的影响，也可以说是受新城使用功能的影响，城市形态呈现西窄东宽的形状。新城东面城墙与旧城西墙南部相接，整体城池看似"帆船"。

从城内街道发展状况可以看出，明代是城中道路格局的形成时期，奠定了整个通州城城市道路的发展格局。而清代受生产生活的影响，城内的道路向更加繁复的方向发展，道路网络逐渐进入了成熟期。

通州城道路形成原因不同，导致各部分道路布局出现较大的差异。旧城中东门大街、西大街并不相连，而是分别分布于城内河道两侧，东西二门修建时也并没有在一条直线上。这使得东门大街与北门内大街、西大街与南大街分别构成两个"丁"字格局。也因此造成从城内陆路运输漕粮至各仓储的道路迂回曲折。究其原因，一方面为了避过流经旧城中部、横断旧城的通惠河支流，一方面则是为了起到一定的军事防御作用，使这条直通京师的大道形成几个弯，起到缓冲作用。新城城中因西仓与南仓占地面积较广，且新城主要作为仓储漕运，因此所形成的主要街道均围绕仓储呈环形。

而其他街巷，旧城西北部街道因受衙署影响，布局规整，旧城东南由于早期有回族人聚居，明代时已逐渐形成规整密集的数条东西向胡同。旧城西南与新城中因仓储占用面积过大，多形成环形街道格局。旧城西南有中仓，面积较大，街道仅在其西部形成若干并列的南北向胡同。

---

① 刘荣芳：《卫星城的继承性——通州城的演替》，《地理学与国土研究》1988年第1期。

② 王永斌：《京东重镇——通州》，《北京规划建设》1999年第6期。

③ 周良：《通州地名谈》，文化艺术出版社，2009年。

④ 周良：《通州文物》，文化艺术出版社，2004年。

⑤ 杭侃：《中原北方地区宋元时期的地方城址》，北京大学博士论文，1998年。

⑥⑦（清）高建勋等：《通州志》卷十《艺文志·墓志三·故莫州长丰县令李君墓志铭》，中国台湾，台湾学生书局，1968年，第79页。

⑧《元史·攸哈剌拔都传》，中华书局，1976年，第4380页。

⑨⑩（明）杨行中纂辑，刘宗永校点：《（嘉靖）通州志略》卷二《建置志·城池》，《北京旧志汇刊》，中国书店，2007年，第21页。

⑪⑫⑬⑭⑮（明）杨行中纂辑，刘宗永校点：《（嘉靖）通州志略》卷十三《艺文志·重修通州新城记》，《北京旧志汇刊》，中国书店，2007年，第242页。

⑯⑰⑱⑲⑳㊷㊸（明）高天凤，金梅：《通州志》卷二《建置·城池》。

㉑（清）于敏中等：《日下旧闻考·京畿》，北京古籍出版社，1983年，第1797页。

㉒北京市通州区文化委员会：《潞阳遗韵——通州区第三次全国文物普查项目汇编》，漓江出版社，2013年，第8页。

㉓㉔（明）杨行中纂辑，刘宗永校点：《（嘉靖）通州志略》卷二《学校》，《北京旧志汇刊》，中国书店，2007年，第32页。

㉕通县地名志编辑委员会：《北京市通县地名志》，北京出版社，1992年，第54页。

㉖通县地名志编辑委员会：《北京市通县地名志》，北京出版社，1992年，第20页。

㉗（清）高建勋等：《通州志》卷二《建置·坛庙祠宇》，中国台湾，台湾学生书局，1968年，第31页。

㉘ 北京市通州区图书馆：《百年沧桑：通州历史照片汇编：1860—1960》，学苑出版社，2010年，第25页。

㉙ 北京市通州区图书馆：《百年沧桑：通州历史照片汇编：1860—1960》，学苑出版社，2010年，第45页。

㉚（清）吴存礼修、陆茂腾纂：《通州志》卷一。

㉛㊶（清）吴存礼修、陆茂腾纂：《通州志》卷二《建置》。

㉜ 北京市通州区图书馆：《百年沧桑：通州历史照片汇编：1860—1960》，学苑出版社，2010年，第103页。

㉝㉞ 金士坚等：《通县志要》卷三《建置志·凡目十二·城池》。

㉟㊱㊲《元史》卷六十四《河渠一·通惠河》，中华书局，1976年，第1588页。

㊳（明）吴仲撰，段天顺、蔡蕃点校：《通惠河志》，中国书店，1992年，第79页。

㊴（明）吴仲撰，段天顺、蔡蕃点校：《通惠河志》，中国书店，1992年，第124页。

㊵（明）杨行中纂辑，刘宗永校点：《（嘉靖）通州志略》卷十三《艺文志·重修通州新城记》，《北京旧志汇刊》，中国书店，2007年，第243页。

㊹（明）杨行中纂辑，刘宗永校点：《（嘉靖）通州志略》卷一《山川·州·通惠河》，《北京旧志汇刊》，中国书店，2007年，第5页。

㊺（清）高天凤，金梅：《通州志》卷一《封域·古迹》。

㊻㊾ 北京市通州区图书馆：《百年沧桑：通州历史照片汇编：1860—1960》，学苑出版社，2010年，第51页。

㊼ 北京市通州区图书馆：《百年沧桑：通州历史照片汇编：1860—1960》，学苑出版社，2010年，第59页。

㊽㊾㊿（清）高建勋等：《通州志》卷二《建置·道途》，中国台湾，台湾学生书局，1968年，第22页。

(51)(53)(54)（明）杨行中纂辑，刘宗永校点：《（嘉靖）通州志略》卷二《建置志·公署》，《北京旧志汇刊》，中国书店，2007年，第23页。

(52) 北京市通州区文化委员会、北京市通州区文学艺术界联合会：《通州文物志》，文化艺术出版社，2006年，第95页。

(55)（明）杨行中纂辑，刘宗永校点：《（嘉靖）通州志略》卷十三《艺文志·重修通州城隍庙记》，《北京旧志汇刊》，中国书店，2007年，第245页。

(56)（清）高建勋等：《通州志》卷二《建置·坛庙祠宇》，中国台湾，台湾学生书局，1968年，第35—36页。

(57) 北京市通州区图书馆：《百年沧桑：通州历史照片汇编：1860—1960》，学苑出版社，2010年，第24页。

(58) 北京市通州区图书馆：《百年沧桑：通州历史照片汇编：1860—1960》，学苑出版社，2010年，第50页。

(60) 江太新、苏金玉：《漕运史话》，社科文献出版社，2011年，第10页。

（作者单位：大钟寺古钟博物馆）

明代北京大觉寺及周边密教史迹考

王 松

北京大觉寺始建于辽代，位于海淀区阳台山麓，原名清水院。明宣德三年（1428），宣德皇帝下旨重修，赐名大觉寺。根据记载，有明一代曾住持于大觉寺的著名僧人有"大通法王"智光[①]、周太后从弟周吉祥等[②]。经探查，在大觉寺之外，又有数处寺院、佛教碑刻及僧塔等遗址。在大觉寺之北，有西竺寺遗址、禅牒大禅师塔铭碑、覆钵式塔数座、普照寺、圣（胜）果寺遗址、管家岭村"辛寺"遗址及近年出土的明代大善法王墓志铭、七王坟等。大觉寺以南，有莲花寺、周云端和尚塔、大觉寺塔院、莲花寺塔院等。在这些史迹中，又有数处与密教相关。这些密教史迹及曾经活动于此的密教僧人，不仅为当时佛教发展做出了贡献，甚至有部分曾活跃于政治领域，为北京西山一带留下了深厚的宗教及文化底蕴。

一、智光与大觉寺

以智光为代表的西天宗派[③]，或称西天僧，是明初活跃在佛教乃至政治上的一个特殊僧团。该派别的僧人法脉传承于印度僧人萨诃咱释哩（又称撒合捽室哩等），属于典型的密教派别。其特殊性在于该派别僧人既不同于传统的汉传佛教，又不同于藏传佛教，是一个以汉族人为主，包括印度人、安南人在内，以密教修行为主的派别。除去萨诃咱释哩可视为该派别的祖师外，曾经驻锡于大觉寺的高僧智光则被公认为该派别第二代核心人物。今天仍然保存在大觉寺内的众多佛教造像、法器、白塔等文物应与此派别都有关联。在此对智光及相关寺院、门人进行简要阐述。

（一）智光生平

智光，梵名雅纳罗释弥，或雅尔鼐·罗密克，字无隐，本姓王，山东武定州庆云（今山东省德州市庆云县）人。生于元至正戊子十二月十六日，即元顺帝至正八年（1348）。十五岁出家，"为北京吉祥法云寺僧，礼西天迦湿弥罗国板的达萨诃咱释哩国师，传天竺声明记论，遂授心印玄旨"[④]。

据记载，"一尊峰刺入空际者，妙高峰，峰下法云寺"[⑤]，北京吉祥法云寺应为今北京市海淀区七王坟村七王坟，七王坟于辽金时期为香水院，明代时为法云寺。萨诃咱释哩，又译作萨哈捽释哩、萨曷捽室哩、萨曷棱室里，意译为具生吉祥，是元末来华的一位印度密教僧人。他元末住于燕京，明初先后居于五台山、南京等地，传教授徒[⑥]。根据记载，智光"得亲仪范，听夕请益，聆声通意，渐达梵音，遂为入室弟子"[⑦]。

智光一生游历、住持过多所寺院。早期随从其师萨诃咱释哩四处游历。除北京大吉祥法云寺外，自洪武二年（1369）始，至洪武十四年（1381），智光追随萨诃咱释哩先后造访了五台山、南京蒋山崇禧寺、浙江宝陀罗山、天目山、宁国水西寺、庐山东林寺、南京灵谷寺等。洪武十四年，萨诃咱释哩涅槃，作为嗣法传人，智光先后驻锡南京西天寺、北京崇国寺、北京大能仁寺等。自宣德三年始，智光的主要居所为北京西山大觉寺。

此外,智光还与明朝自洪武至宣德四代皇帝均保持了亲密关系,有数位皇帝先后加封、追封智光,以示奖励恩宠。智光于永乐初年受封国师,永乐三年(1405)"擢僧录司右阐教",永乐四年(1406)"升右善世,爵至六品"。至宣德封大国师,正统年间,智光已圆寂,被追封西天佛子,至天顺年间,追授大通法王⑧。史书称智光"历事六朝,宠锡冠群僧"⑨。

(二)智光主持大觉寺

图二 大觉寺藏宣德五年铸铜钟

自宣德三年始至十年(1435)智光圆寂,其主要居所为北京西山大觉寺,但其活动影响范围又不仅限于大觉寺一所寺院。在大觉寺北侧有西竺寺遗址,据记载原有智光舍利塔一座(图一)⑩。在大觉寺东南有白家疃村,据记载该村原有"开元寺",为智光驻锡大觉寺期间重建。而大觉寺内所存数通石碑、宣德五年(1430)铜钟(图二)、殿内佛造像及白塔则多可找到有关智光的记载或形式特征。

宣德三年,宣德皇帝下旨重修辽清水院并赐名大觉寺。智光塔铭中有明确记载:"阳台山之大觉寺,实皇帝奉皇太后慈旨出内帑所创者,功德利济无间显幽,特命大国师居之以佚其老,并敕礼官度僧百余人为其徒,恩德至厚,无以加矣。"⑪智光入大觉寺时已81岁高龄,宣宗扩修大觉寺后命智光居之也是为了"以佚其老"。大觉寺是智光生前所居的最后一所寺庙且寿终于此,他临终示偈曰:"空空大觉中,永断去来踪。实体全无相,含虚寂照同。"⑫大觉寺钟楼上悬挂的宣德五年大铜钟钟记铭文上则有智

图一 西天佛子大国师塔铭拓片(智光法师塔铭)

图三　敕建西竺寺重修记碑

光主持寺务时铸造大钟的记录。宣德十年（1435）六月十三日，智光坐化，享年88岁，僧腊72。明宣宗朱瞻基闻听智光圆寂，格外礼遇，御书赞辞，向天下人昭示智光的法德："托生东齐，习法西竺。立志坚刚，秉戒专笃。行讯毗尼，情彻般若。澄明自然，恬澹潇洒。事我祖宗，越历四朝。使车万里，有绩有劳。摅沥精虔，敷陈秘妙。玉音褒扬，日星垂耀。寿康圆寂，智炳几先。灵消旷海，月皎中天。"[13]

智光圆寂茶毗后，弟子分其舍利，建塔各地。其中最重要的一处当属西竺寺。西竺寺位于大觉寺北侧。史载："大国师乃出累朝所赐金帛及众所施者，倩工累石为塔，于寺僧□□栖神于他日。"又载宣德皇帝"敕有司具葬仪，增广其塔，并创寺宇，赐名西竺"[14]，即大觉寺北侧原无寺院，智光曾于此处建塔，以为自己身后之用，宣德皇帝念其功绩，不但扩建智光塔，而且在此基础上又增添建筑，成为一处完整的寺院，并赐名西竺寺。

现今西竺寺一带智光塔、殿堂均已不存，仅有《敕建西竺寺重修记》碑一通（图三），该碑碑阳记载了明弘治年间重修西竺寺的起因及经过，因西竺寺"岁月弥久，殿堂廊庑，不免乎霜雪之薄蚀，墙垣基址，难免乎风雨之摧颓"，内官监太监罗公秀、陈公庭出游于此，目睹该寺凋落之状，遂与智光门徒、大能仁寺西天国师释迦哑尔塔及禅师津苔室哩商议，各出己资，共同修缮已显残破的西竺寺。明孝宗闻讯，特赐银两用于修缮，其他宫中贵族也纷纷出资。西竺寺于"几岁之间，殿堂、丈室、廊庑、像设，一而新之"。该碑碑阴刊刻有出资捐助者名单，包括"大檀越太监"及"善人"数十人。此外，碑阴还刊刻有"西天宗派"法脉传承及各辈僧徒梵文姓名数十个[15]。

驻锡大觉寺期间，智光重修了开元寺。开元寺位于白家滩，即今北京市海淀区白家疃村。据记载开元寺有两通明代石碑，一为太仆寺少卿安成李纶撰，弘治六年（1493）立；一为僧净寿撰，弘治十四年（1501）立[16]。《李纶重修开元禅寺碑

图四　禅牒大禅师塔铭碑

图五 禅牒大禅师塔铭拓片

相关,这些僧人拜智光为师,传承了智光法脉。

"禅牒大师塔铭"碑(图四、图五),原立于大觉寺北侧山坡(现已由海淀区文委保管),碑额篆书"圆寂僧录左街讲经兼赐弘仁开山掌秘密教禅牒大禅师塔铭",碑阳漫漶不清,记载了明永乐至成化年间智光门徒禅牒室哩的生平。根据碑文记载,禅牒室哩为梵名,汉文名为忍吉祥。禅牒室哩为交南国望族,随父母居北京,生于明永乐十四年(1416),自幼非凡。七岁送入能仁寺出家,礼西天佛子广善大国师智光为师。禅牒室哩修行高深,且受英宗宠信,碑文载禅牒"尝受知英庙,屡问秘密,莫不悉心以对",及至天顺四年(1460),受封为僧录司左讲经。成化八年(1472)七月,禅牒室哩坐化,寿57,僧腊50。碑文载"至荼毗日,火焰五色,□□利盈掬并灵□三塔于西竺□□塔之右矣",大致可推断禅牒大师荼毗后现舍利即建塔葬于西竺寺附近。在"禅牒大师塔铭"碑原址附近山坡上现存覆钵式僧塔数座,高约1.5米,均已残破,当与禅牒大师相关。

秀峰寺,位于大觉寺以北两公里处鹫峰国家森林公园内,寺内现存一通石碑,碑额篆书"敕赐秀峰寺碑",碑阳记载了正统年间修建秀峰寺的历史。根据碑文记载,秀峰寺为"太监高公让与住持僧智深之所创"[19],其中智深为交南人,姓吴氏,自幼出家,宣德三年至北京,"偶遇大国师吾公亲、僧录司讲经月公律、帖公定、觉义乌公显、捴公胜、纳公理、禅公忍、三公善,有同乡之谊,得礼灌顶广善西天佛子大国师,遂授心印,驻锡于旸台山大觉寺,日常遍阅大藏,久不下山,戒行精严,人多钦仰"[20]。碑文中,"禅公忍"当为前文所述禅牒室哩;"有同乡之谊"则说明智深与所列各位僧人均为交南人;"广善西天佛子大国师"则当是智光无疑。根据这段碑文,可知智深恰在智光驻锡于大觉寺的第一年来到中国,且遇

略》中称开元寺为唐代开元年间所建,宣德三年,智光奉命兼住大觉寺,"往来憩息此地,爱其土厚水甘,风气攸萃",其时开元寺"基址尚存",智光"意图兴创,出己资,命工市材建立,仍请额为开元禅寺"[17]。及至弘治年间,开元寺殿宇摧颓,智光门徒、大能仁寺西天国师释迦哑尔塔出资对该寺进行了修缮[18]。

(三)大觉寺以北两处智光门人遗迹

在汉人之外,智光门徒还包括相当数量安南人和中印度人。大觉寺以北有"禅牒大师塔铭"碑及秀峰寺,都与安南僧人

见了同为交南人的数位智光门人，并礼智光为师，长期驻锡于大觉寺。后智深至大觉寺北秀峰山麓，见其"景致清胜"且"耆耇相传，此古宝刹之地也"，遂决定在此建寺。自宣德八年（1433）春起造，至正统二年（1437）冬建成，正统六年（1441），由太监高公让具奏，英宗赐名秀峰寺。

二、大善法王星吉班丹与大护国保安寺

大觉寺以北三公里处有管家岭村，2014年初在该村出土了《敕建大护国保安寺圆寂大善法王墓志铭》，详细记载了明代大善法王星吉班丹的生平。管家岭村东有一遗址，占地数万平方米，残留墙体既高且厚，在院落内散落有绿色琉璃瓦残片，该村村民称之为辛寺。至今尚未发现有记载该遗址的详细史料，但随着大善法王墓志的出土，推测该处遗址可能为明代著名藏传佛教寺院大护国保安寺，或至少与之相关。

大善法王墓志出土于辛寺北侧，青石质地，正方形，边长62厘米，厚9厘米。盖篆文"敕建大护国保安寺大善法王墓志铭"，志楷体纵书32行，每行2至32字不等。墓志及志盖表明墓主即为大善法王星吉班丹，生于明景泰二年（1451），正德十年（1515）七月二十九日志石安置塔内。该墓志的出土为大觉寺周边地区的藏传佛教研究提供了重要资料。

（一）大善法王星吉班丹

根据墓志记载，大善法王星吉班丹俗姓包，出自陕西岷州卫军民指挥使司木簇世家，明天顺四年三月出家，礼大崇教寺弘修静戒悟法辅教阐范善应灌顶圆妙西天佛子大国师班卓藏卜为师，成化十五年（1479）授敕谕喇嘛，宪宗皇帝认为其戒行精严，御赐刻有"愿力坚固"的象牙图书。成化二十二年（1486）三月"剌麻竹麻扎失星吉班丹汪秀坚锉俱升都纲"[21]，据《佛学大辞典》，都纲是由政府任命，统领全国寺院僧尼以维持教法之官职。明初，中央政府在边远地区设都纲司，设"都纲"之职，由其主管佛教一切事宜。弘治十四年八月内升右觉义兼大隆善护国寺住持。右觉义为明僧录司官职，从八品。大隆善护国寺即今北京护国寺，始建于元代，初名崇国寺，明宣德四年（1429）更名大隆善寺，成化八年赐名大隆善护国寺[22]。正德皇帝登基后，认为星吉班丹"经文谙晓，秘教洪通"，封为禅师。而后在正德元年（1506）六月至九月间，星吉班丹连升数级，六月升国师，七月升西天佛子，九月升法王。在七月升为佛子的同时，星吉班丹受命住持敕建大护国保安寺。根据墓志记载，大善法王星吉班丹圆寂于"正德乙亥五月初一日申时"，即正德十年。星吉班丹圆寂后，其门徒上奏朝廷"乞祭葬"，武宗特赐"葬价"两千两[23]。而在此前一年正德皇帝已令内官在"宛平县之西妙峰山玉河乡之原"建造大善法王塔一座，该塔于次年建成。

根据墓志提供的信息，大善法王星吉班丹为一名藏传佛教僧人，深受宪宗至武宗三代皇帝崇信。其住持过的寺院至少有两座——大隆善护国寺和大护国保安寺。

（二）大护国保安寺

大护国保安寺为明初北京一带著名的密教寺院，关于保安寺的地理位置，史书有多处记载。但所记保安寺并非一处，究竟哪一座为大护国保安寺，尚需考证。

《帝京景物略》载："世宗肃皇帝之九年，命建历代帝王庙，如留都。越岁庙成，上亲诣致祭。厥后岁春秋，遣大臣祭。庙在阜成门内，大市街之西，故保安寺址也。"[24]《顺天府志》载："保安寺，明正统年间立，在宣武门外保安寺街。嘉靖二十六年重修，碑一，郭秉聪撰，街因寺名。"[25]《钦定日下旧闻考》载："保安禅寺在都城南三里许，创自正统年间，岁久浸废。嘉靖时修复，鸠工聚

材，撤颓拓隘，梵宇佛像，金碧辉煌，以至僧舍、斋堂、门庑、庖库之属，靡不整饬，规模壮丽，视昔加倍矣。"㉖根据这些史料，明代北京地区至少有两座保安寺，一在宣武门外，另一为阜成门内历代帝王庙之前身。而大护国保安寺是否为这两座寺院之一，则并不能肯定。

而在《明武宗实录》中则又有数条史料与保安寺相关，分别为："令宛平、大兴二县拨佃户二十于护国保安寺以供洒扫，寺旧有四户，内使覃珉复请益之，户部执奏不听"㉗"保安寺大德法王绰吉我些儿本乌思藏使也"㉘"大护国保安寺右觉义班丹伦竹为其祖师大善法王星吉班丹乞祭葬，礼部执奏无例，上特许之，命工部给葬价二千两"㉙。此三条史料中的保安寺应与本文所讨论之"大护国保安寺"为同一座寺院，但并未明确寺院位置。

大善法王墓志的出土，以及管家岭村辛寺遗址的建筑规模及残留构建等级，为我们寻找大护国保安寺的地理位置提供了一种可能，即"辛寺"就是史料未载明位置的"大护国保安寺"。

诚然，大护国保安寺地理位置仍需进一步考证，原因如下：第一，史料记载中北京城内"保安寺"是否含有"大护国保安寺"。城中"保安寺"除年代不符且又属于家庙者，亦不乏年代相符且规模宏大者，如今天历代帝王庙之前身——阜成门内"保安寺"。第二，大善法王墓志铭称建造宝塔"于宛平县之西妙峰山玉河乡之原"，并未提到地点在大护国保安寺或寺院附近。第三，明代重要藏传佛教或密教寺院多在北京城内，如大隆善护国寺、大能仁寺等。因此，在明确的文字资料出现之前，仍不能确定"辛寺"就是"大护国保安寺"。

三、大觉寺周边一带密教派别的关联及历史作用

据前文所述，分布在大觉寺及周边一带的密教僧人可分为两部分，一部分属于藏传佛教，另一部分为以智光为代表的西天宗派。毋庸置疑，在明代密教中，藏传佛教在政治和宗教等方面对当时的皇室宫廷及北京社会起到了巨大的作用和影响。西天宗派则在明初政府和藏传佛教的沟通交流上起到了一定作用。

关于藏传佛教和西天宗派，它们之间既有相同之处，又有所区别，在此略作归纳：

第一，藏传佛教和西天宗派同属从印度直接传入的密教体系。

从印度佛教的发展史看，印度佛教至晚自八九世纪始便主要流行密教宗派，到十一世纪，阿拉伯人和伊斯兰教进入印度，印度密教遂始衰微，至十三世纪，密教在印度本土消亡㉚，但仍有一部分密教高僧游历到印度周边地区弘法传教。藏传密教的传入至晚可追溯到公元八世纪莲花生大士入藏弘法，西天宗派所传习的密宗体系则自十四世纪由印度直接传入中原地区，从这一点看，藏传佛教与西天宗派源头相同。

第二，藏传佛教和西天宗派在明代政治、宗教乃至整个社会所起作用不同。

藏传佛教不仅是一支极为重要的宗教派系，同时也代表了广大的藏区及藏族民众。至晚自元代开始，皇室贵族对藏传佛教的尊崇就已经达到极致。《元史》记载："帝师之命，与诏敕并行于西土。百年之间，朝廷所以敬礼而尊信之者，无所不用其至。虽帝后妃主，皆因受戒而为之膜拜。正衙朝会，百官班列，而帝师亦或专席于坐隅。且每帝即位之始，降诏褒护，必敕章佩监络珠为字以赐，盖其重之如此。"㉛至明代，在招抚以乌斯藏为主的藏区的同时，统治者也尊崇礼遇藏传佛教各派僧人并对其积极扶植，采取了"广行诏谕""多封众建"的政策。因为明代皇室对藏传佛教僧人推崇备至，这些僧人多被封为法王、西天佛子、国师等，可以出入皇宫，对皇室产生着极大影响，是活

跃在明代佛教乃至政治舞台上的极重要力量。

西天宗派也因其所修行经典、仪轨与藏传佛教相似，在明初受命作为使者沟通了明政府和藏传佛教，从宗教上为当时的政治出力，其中典型人物如智光。据史书记载，明太祖、太宗两朝，智光多次奉朝廷之命出使西域、乌斯藏等地，招抚这些地区的重要政教领袖[32]。从智光出使效果看，智光对西藏一带宗教信仰及习惯应当非常了解，西藏诸多宗教领袖也对智光表现出了认同。在完成了历史赋予的使命后，西天宗派逐渐淡出人们视野，根据记载，自元代至明代弘治朝，共传承了四代[33]。

---

① ⑫ （明）李贤：《大通法王碑铭》，北京图书馆金石组编：《北京图书馆藏中国历代石刻拓本汇编》第52册，中州古籍出版社，1990年，第31页。

② 舒小峰：《北京两处明代周吉祥塔考辨》，《北京文博》2003年第2期。

③ "西天宗派"之称谓，最早见于大觉寺北侧西竺寺遗址明代《敕建西竺寺重修记》碑，碑阴有法脉源流名录，自称"西天宗派"。

④⑧⑪⑬ （明）杨荣：《圆融妙慧净觉弘济辅国光范衍教灌顶广善西天佛子大国师塔铭并序》，北京图书馆金石组编：《北京图书馆藏中国历代石刻拓本汇编》第51册，中州古籍出版社，1990年，第76页。

⑤ （明）刘侗、于奕正：《帝京景物略》，北京古籍出版社，1983年，第224页。

⑥ 何孝荣：《印僧萨诃咱释哩与元明时期印度密教在中国的传播》，《西南大学学报（社会科学版）》2016年第2期。

⑦ 喻谦辑：《新续高僧传四集》卷一，上海古籍出版社，1991年影印本。

⑨㉜ 《明史》卷299《方伎列传》，中华书局，1974年。

⑩⑭⑮ 《敕建西竺寺重修记》碑，该碑立于大觉寺北侧西竺寺遗址内。

⑯⑰⑱ （清）于敏中等：《日下旧闻考》，北京古籍出版社，1983年，第1764页。

⑲⑳ 《敕赐秀峰寺碑》，该碑现存于秀峰寺内。

㉑ 《明宪宗纯皇帝实录》，成化二十二年三月丙午条。

㉒ （明）刘侗、于奕正：《帝京景物略》，北京古籍出版社，1983年，第33页。

㉓ 《明武宗毅皇帝实录》，正德十年五月辛亥条。

㉔ （明）刘侗、于奕正：《帝京景物略》，北京古籍出版社，1983年，第181页。

㉕ （清）周家楣、缪荃孙等：《光绪顺天府志》，北京古籍出版社，1983年，第520页。

㉖ （清）于敏中等：《日下旧闻考》，北京古籍出版社，1983年，第997页。

㉗ 《明武宗毅皇帝实录》，正德八年四月癸亥条。

㉘ 《明武宗毅皇帝实录》，正德十年二月己丑条。

㉙ 《明武宗毅皇帝实录》，正德十年五月丁亥条。

㉚ 林承节：《印度史》，人民出版社，2004年，第107页。

㉛ 《元史》卷202《释老列传》，中华书局，1976年。

㉝ 吕建福：《中国密教史》，中国社会科学出版社，1995年，第524页。

（作者单位：北京西山大觉寺管理处）

清代圆明园内事务性工作述略

张利芳

圆明园，是圆明三园的简称，包括圆明园、长春园和绮春园，三园布局呈倒"品"字形。圆明园是清朝几代统治者精心经营的一座皇家宫苑，其前身是康熙皇帝赐给皇子胤禛的一处花园，胤禛即帝位后，此园一跃而成一座帝王苑囿。圆明园集理政、起居、休闲于一体，是紫禁城之外的另一个政治中心，清朝几代皇帝在这里御门听政，批阅奏章，接见使节，军国大事多运筹于此；是紫禁城之外清朝几代皇帝后妃的寝居之所，位于"前朝"正大光明殿之后的"后寝"九州清晏建筑群即为帝后及妃嫔们的寝所；是清朝几代帝后妃嫔们的娱乐休闲之所，皇帝除了平时在园内各景点漫步赏花、坐对夕阳、吟诗作赋外，在节日佳令，园内还筹办隆重的仪庆活动，如端午节在福海划龙舟，元宵节在山高水长放烟花、在同乐园看戏，中秋节在福海放河灯，七夕节在西峰秀色摆乞巧宴，等等。

圆明园作为一座帝王园囿，有万园之园之称，享誉中外。她有过的辉煌，令人骄傲；她被毁时的惨烈，令人扼腕。正是由于她的毁坏始于西方侵略者之手，所以，历经百年沧桑而成为遗址的圆明园也凝聚了中华民族的爱国自强情结。

中华人民共和国成立后，经过政府及社会各界的不断努力，圆明园遗址不断得到整修、完善、保护和利用，如今已开辟为遗址公园，发挥爱国主义教育、历史文化教育等功能。与此同时，相关的研究工作也开展起来，涉及到历史、考古、古建、园林等各个学科。总体来看，对圆明园的研究主要集中在以下几个方面：一是清帝在园内的政治生活、日常起居等；二是关于这座园囿的营建，如营建时间、营建过程、设计思想、文化内涵等；三是围绕圆明园的建筑、景观等的配置，来探讨清帝的思想倾向、个人旨趣；四是园林专家的研究，焦点多侧重于圆明园内的自然景观，如山水要素配置、植物配置等；五是关于圆明园遗址的整修、保护、展示和利用。

通过梳理有关圆明园研究成果，我们发现对圆明园的研究多聚焦于帝王统治阶层的活动，而较少关注园内其他人员的有关活动；多集中在大层面的宏观性研究，而对微观层面的关注较少。实则，帝王只是享用圆明园，而维持圆明园正常运转的却是大量的小人物和不间断的日常性事务。鉴于此，本文以档案、文献史料为基础，重点考察维持圆明园运转的一般性的、日常的、普通的事务性工作。

一、黏修事务

主要指圆明园内建筑、桥梁、道路、山石泊岸等的日常维护性工作，不包括始建工程中的工作。根据档案史料记载，圆明园内建筑、桥梁、道路、山石泊岸等出现的问题有头停渗漏、墙垣坍塌或闪裂、柱木糟朽、门窗不全、席箔糟坏、头停瓦片脱落或伤损、椽望糟朽、油饰糟旧、地面酥裂、泊岸坍塌等。针对上述出现的问题，需要有相关人员来做相应的黏修、补砌、油饰等维护性工作，如补砌石墙、挑墁地面、找补糊饰、油饰糟旧、归拢阶条、黏修明瓦鼓棚、栏杆、拆堆山石高峰、捞堆山石泊岸、剔补酥碱砖块等。归纳起来，大致可分为砖墙、地面的日常维护，山石、泊岸、水道及桥梁的日常维护，建筑内外檐的日常黏修。

1. 砖墙、地面、道路的日常维护

如园、倩园等处成砌坍塌虎皮石大墙四段，凑长七丈九尺，用过工料银三十八两三钱一分六厘。宝相寺澄光阁楼五间挑换地面砖①。

西门内东边补砌坍塌虎皮石墙一段②。

刘猛将军庙一座三间……并院内拆墁甬路一条道，长一丈八尺五寸。湛清华严殿一座三间……挑墁廊内地面。云巘四方亭一座，靠北面大墙四方亭一座……拆墁地面③。

西南门外随墙旧河清底，点景地脚刨槽，下丁，添做泄水暗沟，黏补甬路等④。

宫门前泊岸石多有坍塌，河内并周围甬路砖块、石子破碎甚多，应请将泊岸捞堆，甬路拆墁⑤。

2. 山石、水道及泊岸、桥梁的日常维护

春雨轩后堆做山石高峰，买办山石，将清净地东边菜园旧河淤泥挑挖，加堆土山。又，西南门外随墙旧河清底，点景地脚刨槽，下丁，添做泄水暗沟⑥。

加堆长春仙馆土山，用山高水长南山根开挖水泡之土。圆明园殿前有东西水泡，因溢浅，着清挖，所挖之土就近加山。加堆西南门外土山⑦。

乾隆四十三年（1778），芰荷香前水泡西边荷花微少。将河底沙土深深挖出，易换河泥。将挖出的沙土，加堆土山⑧。

九州清晏、春雨轩、韶景轩、五福堂、坦坦荡荡、长春仙馆、御兰芬、上下天光、慎修思永、万安方和、桃花坞、清净地、山高水长、佛楼、安佑宫、藻园、芰荷香、西峰秀色、安澜园、舍卫城、平湖秋月等处捞堆山石坍塌泊岸。普香界西边开挖水沟淤土，加堆土山⑨。

莹德堂、藻德居、德生轩、对云楼等处捞堆山石泊岸。东平台门外三孔板桥一座挑换承重间枋、挂檐板，并出水闸挑换鱼䃰⑩。

谐奇趣西门内三孔桥一座，挑换承重铺、地伏⑪。

3. 建筑内外檐黏修

关于建筑内外檐黏修工作在档案材料中的记载比比皆是，包括每年岁修和临时黏修。

乾隆五十年（1785）总管内务府奏查各种工程清单折中，提到修理九州清晏、双鹤斋、舍卫城等作殿宇、游廊油饰见新工程⑫。

乾隆五十一年（1786）岁修工程清单中提到，圆明园九州清晏并韶景轩净房内裹顶槅板墙照旧糊饰见新，佛楼等各座殿宇换糊槅窗心；又随时黏修各座殿宇，找补裱糊，收拾铺面、牌楼、拍子……⑬

嘉庆元年（1796）的一份黏修清单中提到了多处建筑的黏修，涉及到了圆明园、长春园、绮春园和春熙院内的诸多建筑，如刘猛将军庙一座三间，拆瓦头停。挑换椽望，满换连檐、瓦口，黏补横楣、栏杆……内里裱糊⑭。

二、勤杂事务

主要指圆明园内的一些日常杂活，如坐更值宿、清扫地面、修剪树木、栽培花卉、维护草皮等。

1. 坐更值宿、清扫地面

圆明园内殿宇众多，每一座殿宇的安全、卫生等容不得有丝毫闪失。为了防止失火、大雨、盗窃等隐患的发生，每座殿宇都安排有人员坐更值宿，包括太监、园户、园隶等。作为帝后妃嫔的活动场所，园内殿宇、地面等的卫生自然也要求得格外严格，需时时清扫，不得有污秽之物。

园内陈设均太监看守，苑丞、苑副等每日率园户、匠役在安佑宫、舍卫城、明春门，并长春园、绮春园、熙春园等处外园直宿⑮。

在关于春宇舒和失火一事的奏档中，记载了值勤太监和园户，如本地太监杨明"往澹泊宁静坐更，至起更时，见东边有火光……"。应差园户黄猫儿"是晚即至长春仙馆上夜坐更，并未到本地，实不知失火缘由"⑯。

明春门坐更，冬三个月，每日用黑炭五斤、木炭十斤⑰。

乾隆十六年（1751）闰五月二十日，在添设人员的一份奏折中提到"长春园自告竣以来"仅有50名从圆明园拨派过来的园户"看守当差"。"其长春园殿宇、房屋、山场、河道处所甚多，拨派之园户实不敷应差之用。又兼新建水法工程，现今将竣，亦属需人看守打扫，请再添园户四十名、园隶四名，各行匠役十二名，以备供役"⑱。

圆明园、长春园需增加园户头目督率园户打扫地面、坐更当差。其他三园向无园户头目，今每园酌添园户头目四⑲。

熙春园（按：这时熙春园还没划拨出去）内撤下园户头目、园户等四十九名，拟拨留二十四名，在绮春园外围等打扫宫门地面、进内值宿以及听候各项差务，其余二十五名，交总管太监吕进忠分拨在绮春园西路内当差⑳。

2. 花草树木的栽培、维护、修剪

圆明园里不仅建筑多，而且树木、花草也多，可以说，整个圆明园不仅是一个建筑博物馆，也是一个园林博物馆。为了维护园林植被、花卉等自然景观，也需要做大量的日常管理工作，包括修理树柴、栽培和管理草木、花卉等。

乾隆十四年（1749）二月，圆明园总管太监将紫碧山房栽种果木树株样呈览……专管果木树株，带领园户壮丁以后培栽、换秧、浇灌、打挦、收拾为例㉑。

乾隆五十三年（1788）十一月奏准：圆明园每逢驻跸之时，圆明园、长春园内十六处殿内安设四季花卉，本处熏养之花不敷安设。查奉宸苑、南花园办理宫内安设花卉，向例设有花卉园头二名，各随地十顷，自行取租办理㉒。

乾隆四十七年（1782）四月，大宫门前石道两边河泡内藻草未割去，因为荷花已将出水面，若此时割去藻草，会伤及荷花㉓。

乾隆二十七年（1762）七月初九日，安澜园、清净地河泡内，及北大墙外新挖之河泡，俱栽种藕秧㉔。

含经堂宫门前铺贴草坯四块。水法东头树墙往东满铺贴草坯㉕。

除花草树木的栽培、维护和管理外，还有珍禽的豢养，如《养吉斋丛录》卷十八记载御园养有鹤，"御园旧支鹤粮甚多。乾隆壬午，令放鹤。又园中自谷雨至霜降饲金鱼，每日例支九十饼。"此外，还有养雀笼专门用于豢养珍禽。

3. 为西洋水法运水

这项工作主要集中在以喷泉为主题设计元素的长春园西洋楼景区。该景区有两处蓄水楼，也称水车房，是为景区内诸喷泉输水的供水池。一处在谐奇趣北部，东向五间，供水给谐奇趣景区及养雀笼。另一处在海晏堂景区中部，为南北十一间工字形蓄水楼，供水给海晏堂景区及其东部大水法景区诸喷泉。

谐奇趣西洋水法于乾隆十六年建造完竣，用骡三头拉运水车。十一间楼水法登攀水车每日用园户十四名。乾隆三十八年（1773），因水法骡头拉水轮盘等件不时损坏，改安辘轳，雇夫役打水。十一间楼亦安装辘轳，园户登攀水车之处一并裁汰，按此法运水㉖。

乾隆五十二年（1787）二月奉旨：西洋楼水法，每年初次上水，准其雇觅人夫，其余添水着园户添打，不准雇夫㉗。

4. 其他

嘉庆十年（1805）十二月奉旨：查得圆明园、长春园、绮春园、熙春园、南园等处园户头目、园户、园隶、花儿匠、招募匠役、水手、闸军工九百八名……㉘

雍正七年（1729）起，圆明园开始养

蚕，并派首领太监一名、太监一名管理养蚕事务㉙。

由上述两条材料可知，圆明园园内还有划船的水手、管理河道水情的闸军、养蚕的蚕户，他们各自负责自己分内的日常活计。此外，还有一些其他的勤杂事务，如站灯、照料汲桶等。

勤杂事务包括方方面面，细微繁多，笔者暂列上述条目。

三、礼仪事务

圆明园内所进行的礼仪性活动主要有祭祖和礼佛，这虽是皇帝的个人行为，但在这一行为过程中，有大量的小人物参与其中。由于祭祖和礼佛也不是偶然性事件，而是具有一定的常态化属性，故笔者也将这类事务纳入考察之列。

在这两类礼仪性事务中，小人物所进行的工作主要为诵经。此外，清帝在圆明园内进行的活动还有观稼。《日下旧闻考》记载："圆明园启自世宗，实为勤政敕几劭农观稼之所。"㉚在圆明园内的一些地方开辟有专门的耕稼景点，种植水稻和麦子等，如多稼如云、观稼轩。帝王在这些地方观察庄稼长势，以此来了解农业情况。雍正帝在《圆明园记》中云："园中或辟田庐，或营蔬圃，平原朊朊，嘉颖穰穰，偶一眺览，则暇思区夏，普祝有秋。至若凭栏观稼，临陌占云，望好雨之知时，冀良苗之应候。则农夫勤瘁，穑事艰难，其景象又恍然在苑囿间也。"㉛乾隆帝在《圆明园后记》中云："验农桑则有田庐蔬圃，量雨较晴也。"㉜中国自古以来就是一个农业社会，社稷乃国之根本，帝王对农业十分重视，劝课农桑，行躬耕之礼，礼拜社稷之神等。之所以把圆明园内清帝的观稼活动也列为礼仪性活动，是因为这种行为具有象征性，清帝借此来窥见天下农作物生长情况、庄稼长势等，表示对农业的重视。稻田、麦田等自然需要有人员来管理。这就是笔者在此所要考察的耕稼之务。

1. 喇嘛诵经

喇嘛诵经主要发生在清帝于园内设置的祭祖场所和礼佛场所。

清帝在圆明园内设立的祭祖场所为鸿慈永祜。鸿慈永祜位于圆明三园之圆明园内，建于乾隆时期，建成后供奉康熙、雍正二帝的御容，后又相继供奉乾隆、嘉庆、道光三帝御容。在一些重要的日子，清帝都要到此叩拜行礼，如上元日、中元日、清明日及皇帝本人生日和先皇诞辰、忌日等。在每月朔望时，有喇嘛念经㉝。

清帝在圆明园内设立的礼佛场所主要有月地云居、正觉寺及含经堂等。

月地云居亦位于圆明三园之圆明园内，在乾隆时是一处颇具规模的佛寺。此处供奉有三世佛、弥勒佛、长寿佛、栴檀佛、罗汉等。乾隆帝园居时，每月初一、十五，及四月初八前后三天，皆至清净地磕头、拈香。每月十三日、二十三日喇嘛念经㉞。

正觉寺位于圆明三园之绮春园内，建成于乾隆年间，坐北朝南，南面单独设立大门，有后门与绮春园相通，为一处布局相对独立的佛寺。安设喇嘛住持，焚修念经。正觉寺的喇嘛还于每月初一、初八、十三日、十五日、三十日，前往长春园含经堂梵香楼念经五次㉟。

除上述几处比较重要的诵经场所外，园内还有一些诵经之地。道光十九年（1839）十一月的一道谕旨中有这样的记载："圆明园佛楼、慈云普护、舍卫城、永日堂、广育宫、关帝庙、法慧寺、河神庙首领太监充当僧人上殿念经等事，着一并裁撤，该首领太监等均着留发当差，有年老不愿留发者，听其在原处当差，终身而止，亦不必上殿念经等事。至佛楼念经之幼僧十三名，道童十名，原系由外庙拨进者，全行撤出，仍令归庙。"㊱可见，诵经场所还有舍卫城、永日堂、广育宫、关帝庙、法慧寺和河神庙。

需要指出的是，礼佛主要发生在乾

隆时期。雍正时期，雍正皇帝推崇的是道教。根据档案显示，自雍正八年（1730）十一月至十三年（1735）八月间，共传用炼丹所需物品157次，地点有紫碧山房36次、六所24次、深柳读书堂20次、头所16次、四所16次、接秀山房15次、新盖板房6次、秀清村及二所各4次㊲。由此推断，雍正时期，圆明园内还有频繁的炼丹等与道教有关的一些活动。以下这条史料亦可印证。

乾隆十八年（1753）四月二十七日，《总管内务府奏遵旨裁减圆明园佛楼道士折》：雍正六年（1728）八月内，于左领、内管领下苏拉内拣选道童二十名，在圆明园佛楼应差，后于雍正八年拨出十名，在御花园斗坛应差。此次奏请每处各减少五名㊳。

2. 耕稼

圆明园内的一些景区、景点命名，如多稼如云、观稼轩、多稼轩、稻香楼等，都与田有关，间接表明这些地方曾种植有稻田或麦田，以供皇帝观赏。为了确保皇帝"观稼"活动的顺利进行，就需要有相关人员对稻田和麦田进行管理，这样一来，发生在这些地方的行为事件自然也离不开耕稼之务。

在清帝御制诗中，多有对稻田的描写，如乾隆帝《多稼如云》诗云："隔垣一方，鳞塍参差，野风习习，袯襫蓑笠往来，又农家添味也。盖古有弄田，知稼穑之候云。"㊴乾隆帝《观稼轩》诗云："憩于室，窗为宜；登于磴，台为宜。此轩在台上，不施户牖，故观稼恒于此"，"敞榭崇基表，鳞塍俯水田"㊵。

据《内务府奏销档》记载，舍卫城西边甬路两旁种秋麦，长势微弱，不能蕃硕适观，乃庄头没能加意播种、勤劳耕灌。有关人员等受到惩罚㊶。

据《日下旧闻考》记载："鱼跃鸢飞之东，禾畴弥望，河南北岸仿农居村市者为北远山村。"㊷

四、安保事务

作为皇家禁地，安全保卫工作自不敢有丝毫松懈。圆明园不仅有军队防守，严禁人员随意进出，而且还有日常的安防工作，如防火、防雷击等。

1. 警跸圣驾

负责日常军事防务工作的是圆明园护军营。他们"以时训练，左翼四旗，每月以初三、初八、十三、十八、二十三、二十八，凡六日校步射。右翼四旗，每月以初二、初七、十二、十七、二十二、二十七，凡六日校步射，皆春秋校骑射。又八旗护军内，每旗习鸟枪者一百二十五人，习善扑者五人，习大钯箭者五人，习骗马者三人，皆于十日内，圣马进城后操演，至封印日止"㊸。他们的日常防卫任务之一是警跸圣驾。《清会典》记载："驾驻园出入则警跸。圣驾由城至圆明园及圆明园至城，沿途派营总参领十二人，护军校护军二百四十人清跸，往返俱以红桥为界。由圆明园至颐和园，沿途派营总、参领二十四人，护军校护军五百四十人清跸。由圆明园至静明园，沿途派营总、参领二十二人，护军校护军五百六十人。由圆明园至静宜园，沿途派营总、参领三十三人，护军校护军八百五十人。由圆明园至黑龙潭，沿途派营总、参领二十三人，护军校护军八百八十五人。"㊹

2. 门禁稽查

圆明园各门均有人员值守，严格检查出入人员情况。一是军队稽察。《清会典》记载："环园门泛直班以守卫""凡直班，四日而代，八旗护军三旗护军官兵，各自轮直，均以四日。各门泛俱军器，总统大臣以时稽察焉。总统大臣轮流驻班，昼则教演技艺，宵则稽察堆拨。怠惰者参奏。"㊺二是政务大臣稽察。《清会典》记载："驾出入圆明园，总管大臣率属侍班，稽其门禁。设拜唐阿六人，园户头目三十三人，园户四百五十九人，园隶六十六人，匠隶九十一人，闸军五十人。凡园户等进内汜埽，人给火烙腰牌一，填明年貌，其应准出入各门，亦设对牌一，每日派苑丞、苑副一人，按门查验，并令直班护军参领等盘诘查对后，交该处首领太监带进。出则仍行点验。总管大臣亦随时稽查。如有假冒瞻徇等弊，在内则将该管首领太监交总管太监严加惩治。在外将该管官员参处治罪。匠役出入同。"[46]

3.日常防卫

这里主要指的是对自然突发事件的防卫工作，其中一项便是防火，这是因为园内多数都是砖木结构建筑，极易引发火灾。据档案材料记载：

乾隆二十年（1755）十一月二十二日，春宇舒和失火[47]。

道光十五年（1835）初五日，曲院风荷东边值房及小游廊失火[48]。

为了防范这类事件，圆明园内有常设的激桶演练。《钦定总管内务府现行则例》"激桶事宜"条记载："圆明园、长春园等处额设激桶七十五架，查现在整齐者七架，在修理十八架，计二十五架，交该总管等分设各处妥为看管，其余糟朽不齐者，分年陆续修补，每次不过二十架，足敷试演之用……每架应用太监园户数交该总管等照宫内章程奏明遵办。每年春秋二季一同演习一次，其备用斧镢器具交圆明园档房存收。"配合激桶使用的消防器具还有小水桶、扁担、钩绳、蜈蚣梯子等[49]。

五、结语

1.圆明园内不仅仅有军国大事，还有大量的日常琐事，主要有黏修事务、勤杂事务、礼仪事务和安保事务。

黏修事务保障圆明园被帝后妃子正常乃至舒服地享用；勤杂事务保障圆明园居住、生活空间的窗明几净、舒适宜人；礼仪性事务是皇帝作为主角举办的带有政治色彩的活动，但这其中如果没有小人物的参与，仪式就不完整，甚至无法正常进行；安保事务的重要性自不待言，阻止闲杂人等擅入，保障园内安全，维护皇家至尊的地位。

2.圆明园规模宏大，建筑众多，气象万千，除去皇族人员日常衣食住行等奢华生活的庞大开支外，大量日常琐事的开支也应该是一笔不小的数目。以至于在清朝后期，要裁撤部分人员，简化事务。

如前文所述向有首领太监充当僧人上殿念经等事，道光十九年降旨一并裁撤。圆明园佛楼（日天琳宇）撤出道童10名，回内务府当差，坐补苏拉缺出；佛楼撤出13名幼僧，全拨万善殿当差。佛楼等处首领太监充当僧人上殿念经等事，令一并裁撤，该首领太监等均留发当差，不必上殿念经。每年传进外庙僧官，在佛楼念经等日，亦令不必传进。嗣后每届圆明园佛楼等处拜斗拈香日期，由圆明园司房先期请旨[50]。礼仪性事务不是每天都需要进行的，一年也就举办几次，即使如此，尚且给财政带来负担，要节减开支，更何况其他几项更为经常性的人员、事务等的开支。这从一个侧面反映出维持圆明园运转所耗费的巨大的人力、物力、财力。

3.圆明园内皇族人员仅仅为很小一部分，大量存在的是一般人员，包括从事安保、杂役等事务的人员。由于闲杂人等过多，圆明园里还时常发生一些小插曲，如偷盗事件、庄头偷懒事件等。据档案史料记载，安澜园太监王得顺曾偷窃西所存贮纱锭；舍卫城西边甬路两旁所种秋麦，长势微弱，没达到"蕃硕适观"的要求，是由于庄头没能加意播种、勤劳耕灌，并为此受到杖责惩罚；按摩处太监曾在藻园内高水河一带偷偷钓鱼，等等。圆明园里诸如此类小人物的百态也贯穿于有关圆明园历史的宏伟叙事中。

圆明园是一个小社会，我们在研究圆明园时，也理应关注到有关圆明园的方方面面。历史不只有宏观叙事，还有微观观察，小人物、小事件也值得我们去关注。

本文只求抛砖引玉，希望大家能更多关注有关圆明园的微观历史。

---

① 《内务府奏案》，见中国第一历史档案馆编：《圆明园》，上海古籍出版社，1991年，第245—246页。

②㉒㉓《内务府奏案》，见中国第一历史档案馆编：《圆明园》，上海古籍出版社，1991年，第248页。

③⑭《内务府奏案》，见中国第一历史档案馆编：《圆明园》，上海古籍出版社，1991年，第374页。

④⑥《内务府奏销档》，见中国第一历史档案馆编：《圆明园》，上海古籍出版社，1991年，第174页。

⑤《内务府奏销档》，见中国第一历史档案馆编：《圆明园》，上海古籍出版社，1991年，第470页。

⑦《内务府奏案》，见中国第一历史档案馆编：《圆明园》，上海古籍出版社，1991年，第203页。

⑧《内务府奏案》，见中国第一历史档案馆编：《圆明园》，上海古籍出版社，1991年，第207页。

⑨《内务府奏案》，见中国第一历史档案馆编：《圆明园》，上海古籍出版社，1991年，第242页。

⑩㉕《内务府奏案》，见中国第一历史档案馆编：《圆明园》，上海古籍出版社，1991年，第244页。

⑪《内务府奏案》，见中国第一历史档案馆编：《圆明园》，上海古籍出版社，1991年，第243页。

⑫《内务府奏销档》，见中国第一历史档案馆编：《圆明园》，上海古籍出版社，1991年，第262页。

⑬《内务府堂呈稿》，见中国第一历史档案馆编：《圆明园》，上海古籍出版社，1991年，第268页。

⑮㊻《清会典》卷九七。

⑯《内务府奏案》，见中国第一历史档案馆编：《圆明园》，上海古籍出版社，1991年，第75页。

⑰《钦定总管内务府现行则例·应用物件》，见中国第一历史档案馆编：《圆明园》，上海古籍出版社，1991年，第1006页。

⑱《内务府奏案》，见中国第一历史档案馆编：《圆明园》，上海古籍出版社，1991年，第65页。

⑲《内务府奏销档》，见中国第一历史档案馆编：《圆明园》，上海古籍出版社，1991年，第176页。

⑳《钦定总管内务府现行则例·出入园庭禁门》，见中国第一历史档案馆编：《圆明园》，上海古籍出版社，1991年，第1051页。

㉑《钦定总管内务府现行则例·花洞事宜》，见中国第一历史档案馆编：《圆明园》，上海古籍出版社，1991年，第1044页。

㉔《内务府奏销档》，见中国第一历史档案馆编：《圆明园》，上海古籍出版社，1991年，第97页。

㉖《内务府奏案》，见中国第一历史档案馆编：《圆明园》，上海古籍出版社，1991年，第131页。

㉗《钦定总管内务府现行则例·稽查园户》，见中国第一历史档案馆编：《圆明园》，上海古籍出版社，1991年，第1040页。

㉘《钦定总管内务府现行则例·稽查园户》，见中国第一历史档案馆编：《圆明园》，上海古籍出版社，1991年，第1043页。

㉙《钦定总管内务府现行则例·养蚕事宜》，见中国第一历史档案馆编：《圆明园》，上海古籍出版社，1991年，第1018页。

㉚（清）于敏中等：《日下旧闻考》卷七十四《国朝苑囿·南苑一》，北京古籍出版社，1981年，第1231页。

㉛（清）世宗胤禛：《世宗宪皇帝御制文集》卷五《圆明园记》。

㉜（清）高宗弘历：《高宗御制文初集》卷四《圆明园后记》。

㉝㉞《内务府奏销档》，见中国第一历史档案馆编：《圆明园》，上海古籍出版社，1991年，第86页。

㉟《钦定总管内务府现行则例·安设寺庙喇嘛》，见中国第一历史档案馆编：《圆明园》，上海古籍出版社，1991年，第1044页。

㊱《钦定总管内务府现行则例·佛楼僧道》，见中国第一历史档案馆编：《圆明园》，上海古籍出版

社，1991年，第1016页。

㊲李国荣：《帝王与炼丹》，中央民族大学出版社，1994年，第460页。

㊳《内务府奏案》，见中国第一历史档案馆编：《圆明园》，上海古籍出版社，1991年，第71页。

㊴（清）高宗弘历：《高宗御制诗初集》卷二十二《多稼如云》。

㊵（清）高宗弘历：《高宗御制诗二集》卷八十七《观稼轩》。

㊶《内务府奏销档》，见中国第一历史档案馆编：《圆明园》，上海古籍出版社，1991年，第290页。

㊷（清）于敏中等：《日下旧闻考》卷八十二《国朝苑囿·圆明园三》，北京古籍出版社，1981年，第1364页。

㊸㊹㊺《清会典》卷八八。

㊼《内务府奏案》，见中国第一历史档案馆编：《圆明园》，上海古籍出版社，1991年，第74—75页。

㊽《内务府奏销档》，见中国第一历史档案馆编：《圆明园》，上海古籍出版社，1991年，第508页。

㊾《钦定总管内务府现行则例》“激桶事宜”，见中国第一历史档案馆编：《圆明园》，上海古籍出版社，1991年，第1019页。

㊿《清会典事例》卷一二一七《内务府·太监事例》。

（作者单位：北京市文物研究所）

金代赵好古墓志考释

周　峰

国家图书馆所藏金代赵好古墓志铭拓片系近代藏书家、校勘学家章钰旧藏。1954年，章钰后人将其所藏大量金石、碑帖、字画、名墨、玉石、图章等捐赠国家，其中的金石拓本由文化部转交给北京图书馆（后更名为国家图书馆），经国家图书馆不断地整理和收集，至今，该馆的章钰旧藏金石拓本共计2104种、2495件[①]。赵好古墓志铭拓片就是其中的一件，其上有章钰题签，并钤"霜根老人"印。拓片后收入《北京图书馆藏中国历代石刻拓本汇编》第46册，该书认为墓志主人赵好古"卒于河南修武"[②]。国家图书馆馆藏目录也记载墓志为"河南省修武县出土"。可是遍检墓志，也未见到赵好古与修武县的任何关系，他应该卒于中都（今北京市），也葬于中都，并曾在中都任职。国图错误的原因很可能是赵好古的武散官为修武校尉，编者未细查墓志，误将修武理解成河南省修武县。

赵好古墓志拓片长79厘米，宽82厘米，42行，满行42字，共计1500余字。其原石可能已经无存。赵好古的父亲赵隇《金史》有传。赵氏家族为东京辽阳府（今辽宁省辽阳市）人，其家族在辽金之际可以说风云际会，由辽代的中等官僚世家转身投靠新兴的金王朝，并成为新朝的中等官僚家族，在辽金易代之际的辽东汉人中具有代表性。

赵好古墓志尚未得到金史研究者的重视，目前还无研究成果。以下先对墓志予以录文，再进行考释。

一、墓志录文

大金故修武校尉中都铁院都监赵公墓誌铭/

修武校尉刘若虚撰并书/

前德既逝而昭，名氏曷其益高；凤望潇绥而著，门第奚其愈华。故家爱易而得，葺绪于何复完；后人虽有而见，/克绍孰能将振。蔼蔼乎！茂膺其任者，惟赵公之备欤！公讳好古，字敏求，本因父任河朔，邢州生也。其肇迹东京/辽阳，源流衍邈，世谱载焉。曾祖元佐，中进士，推重乡曲。蕴术业于礼义之域，彰风教于英秀之□。擢中甲科，声/铿寰宇。优陟仕途，遄出选调。资至谏议大夫、宁江州防御使。祖鹤年，好学尊德，聪明淳厚，欲修举业，遂承世廕，/资至商州刺史，知嵓州军州事。父隇，凤禀英特雄略，果毅沈机，图国济戚，廓疆閫境，攻取先登，奋建高绩。/朝廷优眆，锡以厚赏，资至光禄大夫，沁南军节度使兼怀州管内观察使，封柱国，天水郡开国公，食邑二千户，/食实封二百户。母耶律氏，封天水郡夫人，淑贤睦族，惠明临下。俨母氏之规教，著命妇之范仪。抚育三子，公膺/主器。公之始生也，神彩秀奕，骨相凝重；庆事日臻，世风时叙。欲及垂髫之初，尝造亲庭，已有至性。几怀宛顺之/度，未接弱冠之际。俾趋师席，绝无情色，唯谨率从之恭。展拔弦咏，不待徼束。自然勤笃，众皆顾美。日见其进，月/无所忘。聚学富滋，疑问敏辨。诵数而深造之以道，思索而左右逢其原。于是穷理通義，朝徹見獨。承題得趣，肆/筆成文，奮勵出奇，超卓拔類。課取八吟之格，兼妍六韻之章。□辭麗而有則，立意新而不陳。長上殊貌而接以/禮，同人誠論而嘉其能。然愈孜孜罔已，勉勉勿休。常燃膏繼晷，存心大業。晞棄惜陰，切意脩程。贍抱成材，顒待/延問。時于國家設科命官，賓興取士。公肇覩場廡，遂即獲薦，時一十七歲，是年再為應省失意。迨于次/舉，又獲薦舉。後于皇統九年科舉就試，遂以歷省，豈自覩前期而必中，仍眾許再造而可成，秋赴殿簾墜第。/如此，凡應三薦，罔登一第。志失星闈，名虛仙榜。惜乎！觀之初志也，注目青雲，動心素養，非貴銜乎身也，非夸耀/于鄉也。寔奠將懌其親庭，榮報慈誨。酬一經之教，復萬石之家。亟願立于王朝，敷陳治道。致三代之上，追千古/之前者也。奈天与人違，命將志抑。然公視富貴于浮雲，等軒冕為棄物。其于名器，少無介懷，怡然自若。噫！公之/不耦也，非學術之無所取，寔命分之不能達。公早遂成藝，俊邁莫群。与幼童之守藝白首而能言者異矣。視世/祿之鮮禮□俗積文者高矣。以嚴君之督，俾即承廕。綴內供奉班當儤，時正隆改元春。□差充/皇太子府掌寶，周歲無愆。屆三十歲，數差授保州商稅兼鐵冶樓店，充院使勾當。委質幹□，以圖國用。周歲並無戲失，獲五酬，得兩資，超授保義校尉。又伏遇/今主上即登寶位，改元大定，放大赦，覃恩一重，資加敦武校尉。大定次年，巡遷修武校尉。冬，數授差充中/都鐵院都監勾當。未幾，歲于大定三年春卒中風，徧治不愈，淹延伏枕。季夏之半，奄乎捐第，享年三十有五。公/自幼至壯，讀書脩蘊，樂善不倦。見耆老而尊敬，視窮乏而惻隱。外游于朋知，交之以信；居家于童僕，臨之以寬。雖頗好弓馬，而嘗謂曰："盈銳用以保身，非智也。所与他子弟戲，乃武人為而矣。"間樂寫盃觴而或言曰："富貴不/寵，快意非賢也。"每陪時賢友會，寔文字飲而矣。其通明蘊藉，雅致清尚，率皆如此。尤好音樂，曉達宮商。悉先之/輩豈可同日而比也。公年壽惜乎不永，資終于修武校尉。公先娶吳大監之息女，年二十九卒，所生一子，小字/和尚。年一十四歲，風姿溫厚，舉止詳緩，已學讀書，俾修先業，將有大後之望。女子二人，長名師姑，年一十二歲；次名善陽，年九歲。偕婉麗惠柔，有賢媛之意態。公再娶正奉大夫、廓州節度使張公之女為继室，其淑德賢善，/有勝于前。餘之昆仲，析數歲矣。嗚呼！今則蓋棺事畢，卜垗期臨。視勝岡之勢，遵慶水之源。凿粹壤之吉窀，建福/原之幽第。式寢靈體，奠處英貞。故以銘之曰：/

偉矣趙公，挺質粹融。瑞膺肇孺，德見成童。事親惟孝，從師以崇。辭揮吐鳳，智妙雕蟲。/三薦星闈，一虛仙地。鑒微異守，誼艱達至。舉之常將，周何顒遂。青雲咫尺，素願迢邃。/家有嚴父，俾即廕聞。急仕於武，徒修以文。幹雖承老，欲本致君。壯氣驚寂，衝斗吁雲。/絳侯相漢，朝謂戎野。鄧穀將晉，世云儒者。公時不耦，屈于局冶。事監前人，亦何愧也。/兩娶卿弟，一蕃嗣昌。冰玉清潤，蘭金茂□。有継慶在，無後憂忘。東遼遠係，北邢餘芳。/沉縈末疾，良醫奚救。宿收烈輝，岳還神秀。既富公才，何慳公壽。為詢霄極，竟將孰授。/星水卜氣，雲山眠形。休旺定法，消歇避經。草煙□慘，松露秋馨。旌旐導赴，幽扉將扃。/季秋吉月，華儀備設。先塋旁封，鑿啟廣穴。眾戚陪送，舉族悽切。佳城愛處，祭祀不輟。/體範謝舊，姓名□□。考妣得祔，子孫宜說。式奠冥漠，奉遊其神。書銘翠琰，千載是陳。

二、赵好古的先辈

墓志载赵好古家族"肇迹东京辽阳，源流衍邈，世谱载焉"。因赵家世谱已不可见，故而其家族早期在辽阳的经历已

赵好古墓志拓本

不可知。东京辽阳原来是渤海国的疆域，辽太祖灭渤海国后，建立东丹国，以其子耶律倍为人皇王。"神册四年，葺辽阳故城，以渤海、汉户建东平郡，为防御州。天显三年，迁东丹国民居之，升为南京。"③天显十三年（938），南京被改为东京，府名为辽阳。可见，辽阳一直是一个汉人与渤海人杂居的城市，而赵家作为辽东汉人很早就定居于此，堪称辽阳的土著。

赵好古的父亲赵賆卒年六十六岁④，大致去世于金海陵王贞元年间（1153—1156），如以贞元四年（1156）计，不以虚岁，则赵賆生于辽道宗大安七年（1091）。墓志上溯赵好古的先辈至其曾祖父赵元佐，如果按两代相隔25年计，则赵元佐生于辽兴宗重熙十年（1041）前后。墓志载赵元佐"中进士"，以往的史籍及碑刻中没有关于赵元佐的记载，因而今人关于辽代科举的著述中（尤其是其中的辽代进士表中）并未涉及其人⑤，墓志可补史载之阙。如果赵元佐是在30岁前中进士第，则时间在辽道宗咸雍年间。他"资至谏议大夫、宁江州防御使"。谏议大夫为谏院的长官，辽代的门下省和中书省分别设左谏院和右谏院，设置左、右谏议大夫，但有名无实，往往作为加官。如辽道宗时期的大臣刘伸"为三司副使，加谏议大夫，提点大理寺"⑥，刘伸的谏议大夫为加官，提点大理寺才是其实际执掌。赵元佐也是如此，其实际官职是宁江州（今吉林扶余北伯都古城）防御使。"宁江州，混同军，观察。清宁中置。初防御，后升。兵事属东北统军司。统县一：混同县。"⑦大荣曾于咸雍七年（1071）在宁江州防御使任上⑧，赵元佐任职肯定在其后。

尽管墓志称赵好古的祖父赵鹤年"欲修举业"，但实际上他却是以荫补得官，"资至商州刺史，知岩州军州事。"商州刺史也为加官，商州（今陕西省商州市）为北宋所属，为遥授。岩州为东京道所辖，位于今辽宁省灯塔市。"岩州，白岩军，下，刺史。本渤海白岩城，太宗拨属沈州。初隶长宁宫，后属敦睦宫。统县一：白岩县。渤海置。"⑨知岩州军州事也就是岩州刺史并兼管岩州军事。如统和十四年（996），王邻"授银青崇禄大夫、检校国子祭酒、使持节岩州诸军事、岩州刺史、兼监察御史、武骑尉"⑩。由于岩州是沈州（节度州，军号昭德军）的属州，还有以昭德军节度使兼任岩州刺史的情况，如重熙十三年（1044），耶律庶几任"昭德军节度使、沈岩等州管内观察处置等使、崇禄大夫、检校太师、使持节沈州诸军事、行岩州事、兼御史大夫、上柱国、漆水郡开国侯、食邑一千五百户、实封一百五十户"⑪。

赵好古的父亲赵隇字德固,"其妇翁以优伶得幸于辽主,隇补阁门祗候,累迁太子左卫率"⑫。也就是说赵隇是因为其岳父是优伶并被皇帝宠幸,因而才得官。这可能是时人对赵隇的恶评,不一定是真实情况。以赵隇父祖的官职,他完全可以荫补得官,不一定要沾岳父的光。而且据赵好古墓志,赵好古的母亲是耶律氏,也就是说赵隇的岳父也是契丹人,而契丹人不可能担任优伶。当然,还有另一种可能,就是赵隇不止一位夫人,其前任夫人的父亲是优伶,而后娶的夫人是契丹人。辽代优伶中与皇帝关系较近、见于史载的有罗衣轻⑬。但是罗衣轻是兴宗、道宗之际的人,且卒于清宁年间(1055—1064)。而且罗常以诙谐之语的方式进谏,不见恶行,不可能是赵隇的岳父。辽代后期另外一个被皇帝宠幸且留有恶名的优伶是王税轻,他深为兴宗宠幸,兴宗"常与教坊使王税轻十数人结为兄弟,出入其家,或拜其父母。常夜宴,与刘四端兄弟及王刚等数十人入乐队,命后妃易衣为女冠。后父萧磨只言:'汉官皆在此,后妃入戏,非所宜也。'宗真击碎后父首曰:'我尚为之,若女何人也。'"⑭《契丹国志》也记载其事:"尝与教坊使王税轻等数十人约为兄弟,出入其家,至拜其父母。变服微行,数入酒肆,亵言狎语,尽欢而返。"⑮王税轻的生存时代也远早于赵隇,不可能是其岳父。根据赵隇的生卒时间,赵隇的优伶岳父很可能得幸于辽代的最后一位皇帝天祚帝。

赵好古的父亲赵隇在《金史》中有传,记载其生平较为翔实,但墓志还是记载了一些本传没有记载的内容。本传称赵隇"镇沁南,以疾卒",也就是最后一个官职是沁南军(怀州军号,今河南沁阳市)节度使,而墓志则详述为"资至光禄大夫,沁南军节度使兼怀州管内观察使,封柱国,天水郡开国公,食邑二千户,食实封二百户"。分别是其散官、职事官、勋级、封爵、食邑,作为虚衔的散官、勋级、封爵都是从二品待遇,要高于其从三品的节度使实职。赵隇在辽末降金后参与对宋朝的战争,立有战功,在辽东降金汉人中具有一定的代表性。但是其仕途并不顺利,他长于军事,不善民政,在熙宗时被罢免。赵隇与海陵王完颜亮有故交,寓居燕京期间,曾向路过的完颜亮诉说自己的冤屈。完颜亮即位后,赵隇最高官至正三品的中都路都转运使,但不知因何故,后来不再为完颜亮所欣赏,而终于从三品的节度使任上。

值得一提的是赵隇的夫人耶律氏是契丹人,育有包括赵好古在内的三子。

三、赵好古生平

赵好古卒于大定三年(1163),享年35岁,不按虚岁计,则生于金太宗天会七年(1129)。他幼年就学,勤奋刻苦,文采卓然。墓志对此不无溢美之词,不再赘述。赵好古17岁时于熙宗皇统六年(1146)开始参加科举考试,他可能就近参加了燕京的府试并获得通过,但是在赴上京(今哈尔滨市阿城区)参加省试时落榜。皇统九年(1149)再次应试,再次落榜。海陵王时他又参加了一次科举考试,仍告失败。这样,赵好古以科举入仕之路走不通,改而以荫补得官。正隆元年(1156),在内供奉班供职,很可能和其父亲的出身一样,也是补为阁门祗候。后任皇太子府掌宾,也就是负责宾客的引见。赵好古任此职的时间可能与其父亲任从三品的负责管理东宫事务的太子詹事同时,也说明了此时的赵氏父子深受海陵王的信任。

可能与失去宠信有关,在赵隇出任外职后,赵好古也离开东宫。在30岁时,任保州商税兼铁冶楼店，也就是负责保州（今河北保定市）商税、铁冶税及旅舍店铺税的征收，充任院使。金代税收超过二万贯以上的税收机构才称使司，长官为院使，不足二万贯的税收机构称为院务，长官最高只为都监。不管是院使还是都监，在金代一般都以荫补官出任，社会地位不是太高。赵好古在一年考核期内增收了50%的税额，按照规定，可以升两级官资，其武散官升迁为正九品上阶的保义校尉。随后，完颜亮被杀，金世宗登基，大赦，嘉奖百官，赵好古升为从八品下阶的敦武校尉。大定二年（1162），赵好古又升为从八品上阶的修武校尉。当年冬，赵好古被任命为中都铁院都监。中都铁院应该就是镀铁院，辖于管理皇室财物的永丰库。"镀铁院都监二员，管勾生熟铁钉线。攒典一人。京、府、镇、通州并依此置，判官、都监皆省。或兼军器并作院，或设使若副一员。防刺郡设都监一员，仍兼军器库"⑯。赵好古所任的铁院都监有可能是正八品，也有可能是从八品。他任职时间不长，次年春中风，医治无效，夏即去世，享年35岁。

赵好古前后两娶，前妻育有一子两女，后妻育有两子。赵好古死后的数年，也就是其父赵諴死后的十多年，"諴子孙、司徒张通古子孙皆不肖淫荡，破赀产，卖田宅。世宗闻之，诏曰：'自今官民祖先亡没，子孙不得分割居第，止以嫡幼主之，毋致鬻卖。仍著于令。'"⑰败家的赵諴子孙中，可能有赵好古的子嗣及其两个兄弟及其子嗣，这与墓志撰写者对赵氏后代的溢美之词形成了鲜明的对照。

墓志的撰写及书丹者刘若虚生平不显，只知道他还曾于大定十一年（1171）作有《闻喜裴氏家谱序》⑱。

---

① 《天津近代藏书家、校勘学家章钰诞辰150周年纪念》，见"天津文学艺术网"，http://www.tjculture.com/whnews/2015/252841_0.html。

② 北京图书馆金石组编：《北京图书馆藏中国历代石刻拓本汇编》第46册，中州古籍出版社，1989年，第75页。

③ 《辽史》卷三八《地理志二》，中华书局，2016年，第518页。

④⑰ 《金史》卷八一《赵諴传》，中华书局，1975年，第1830页。

⑤ 参见李桂芝：《辽金科举研究》，中央民族大学出版社，2012年；高福顺：《科举与辽代社会》，中国社会科学出版社，2015年。

⑥ 《辽史》卷九八《刘伸传》，中华书局，2016年，第1559页。

⑦ 《辽史》卷三八《地理志二》，中华书局，2016年，第539页。

⑧ 《辽史》卷二二《道宗纪二》，中华书局，2016年，第306页。

⑨ 《辽史》卷三八《地理志二》，中华书局，2016年，第528页。

⑩ 《王邻墓志》，载向南编：《辽代石刻文编》，河北教育出版社，1995年，第121页。

⑪ 《沈阳无垢净光舍利塔石函记》，载向南编：《辽代石刻文编》，河北教育出版社，1995年，第237页。

⑫ 《金史》卷八一《赵諴传》，中华书局，1975年，第1829页。

⑬ 《辽史》卷一〇九《伶官传·罗衣轻》，中华书局，2016年，第1629—1630页。

⑭ （宋）曾巩撰，王瑞来校证：《隆平集校证》卷二〇《夷狄·契丹》，中华书局，2012年，第592页。

⑮ （宋）叶隆礼撰，贾敬颜、林荣贵点校：《契丹国志》卷八《兴宗文成皇帝》，中华书局，2014年，第92页。

⑯ 《金史》卷五七《百官志三》，中华书局，1975年，第1320页。

⑱ 阎凤梧主编：《全辽金文》，山西古籍出版社，2002年，第1625页。

（作者单位：中国社会科学院民族学与人类学研究所）

小议宋金窑址中植毛骨刷的功能

贾 帅

考古发掘出土的植毛骨刷①，其形制很像今天的牙刷（图一）。骨刷包括刷头、刷柄两部分。刷头正面有两个以上的孔，背面有的散孔、有的刻槽，还有的顶端开洞。其材质大部分是骨质。其主要见于辽、宋、金、元时期，但上限还可追溯到唐、五代；主要出土于宋元时期的版图范围内，主要集中于我国的北方地区和长江三角洲地区。

关于窑址中出土的骨刷，因其与瓷器等共出，有部分学者认为是制作瓷器的工具。最早提出这一观点是在20世纪80年代河南平顶山宝丰清凉寺汝窑窑址的简报中，发掘者称为"抿子"，认为是修坯时滤泥所用的工具②。无独有偶，河南焦作当阳峪窑址采集的骨刷，因其一端扁尖，发掘者也有类似看法，认为这种器物是瓷器划花工具③。此外，河南焦作沁阳南外环路宋墓M1出土的骨刷，因其一端呈锥状，可以划花，一端刷子用以清除剔划花残留的碎瓷土，发掘者推断其功能为制瓷工具④。此后学术界纷纷引用这种观点并影响至今⑤。

然而，将窑址与出土器物的功能完全归为一类的观点，是一种"区群谬误"，难以站得住脚。窑址中发现大量的瓷器与窑具，这只能说明是同地层的同期器物，并不能说明窑址中所有器物都是瓷器与窑具，也不能说明其他器物是附庸于瓷器工具的器物组合。就考古发现的偶然性和特殊性而言，我们不能将发掘区内所有器物的功能都全部统一成一类，不能完全由共性推导其偶然发现的个性。

因此，下文将利用"竹丝刷纹"问题的纠正和窑址性质的分析，对制瓷工具这种说法提出质疑；通过出土情景的统计，对骨刷的功能进行研究。

一、"竹丝刷纹"问题

瓷器中常有"竹丝刷纹"的描述，其实与刷子无关。明人田艺蘅的《留青日札》有记载："定窑……色有竹丝刷纹者……"明代谷泰的《博物要览》、曹昭的《格古要论》和清代蓝浦的《景德镇陶录》都有相似记载。沈从文在《留青日札》校注中说："竹丝刷纹确有之，若作'色有竹丝刷'即不通矣。"叶喆民也反驳说："田艺蘅所见不多，说有竹丝刷纹即北定，指的是当时一般用竹刷式搔花法作成的花，而南定则指的印花、绣花而成的花纹（仿金银錾法）。"⑥刘敦愿认为岳石文化中"……瓶、鼎、罐等类陶器上，常见一种长条平行的刷纹，当是使用梳篦或竹刷之类物件刮抹器表……目的是为了修正陶器，但又有意识地加以保留用做装饰"⑦。敖汉旗羊山M2:1的白釉刻花瓷碗"外壁有竹刷痕"⑧，之所以出现该痕

图一　洛阳七里村墓葬出土骨刷

迹，有人认为："宋代定窑划花碗……特别是此碗壁上有横向的细细的平行丝状纹，是上釉之前修坯时用竹丝捆成的小竹刷清扫胎体时留下的刷痕，这种因制作工艺而出现的痕迹，如果釉层过厚或者透明度差就会被遮住而看不到。标准的定器绝大多数如此碗一样，有清晰可见的'竹丝刷痕'。"⑨但是有人直接指出："……'刷丝纹'指釉薄处所显现的泥胎在辘车上加工的旋转痕……"⑩

另外，从工艺上看，通过对现代定窑和汝窑的技术工艺进行调研，这种痕迹其实是修坯刀留下的，而且不论定窑还是汝窑，都没有使用刷子作为修坯工具的，仅仅是用毛笔和修坯刀。而对于滤泥的说法，也是经不起推敲的，若是将刷子柄比着瓷坯器壁，釉泥进入刷子孔部，那么刷子背部却无法起到"滤出"的作用。

鉴于以上分析，说明所谓的"竹丝刷纹"，其实是一种似刷子擦抹后形成痕迹的装饰，与宋元时期的植毛骨刷无关。

二、关于窑址性质

窑址中的骨刷，主要见于焦作当阳峪窑址⑪、宝丰清凉寺T2⑫、龙泉务窑址F2⑬、兴州窑H9⑭。以下，通过对窑址中出土骨刷的堆积单位进行遗迹性质分析，来对骨刷制瓷功能提出质疑。

焦作当阳峪窑址，采集到骨梳子、骨簪、骨签、勺形骨笄等（图二—图四）。发掘者理解为出土的骨器皆是制作瓷器的工具，既然是工具，其使用价值（即耐用性）要大大高出其艺术价值（即外观的美化），甚至忽略外观的美观性。首先，从其中采集到精美的骨簪和骨梳等，尤其是1件骨器（JD:2），其一端雕有叶状花纹且有绿松石染色，就无法解释作为工具的骨器出现精美雕刻甚至镂空装饰的原因；其次，在此加工的骨器形制上多为头饰，成组共出只能说明它们是头饰的出土组合；再次，发掘者认为是民窑，那么其生

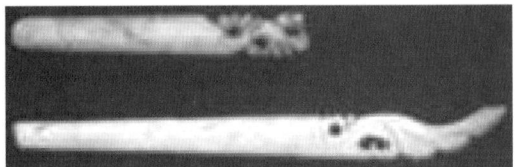

图二　焦作当阳峪窑址出土骨器（JD:1、2）

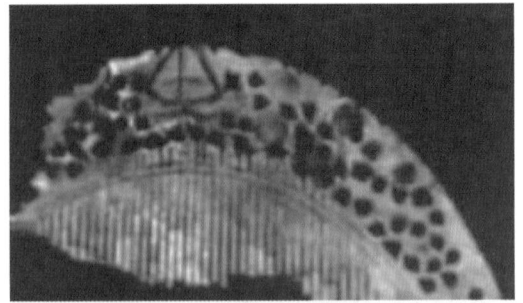

图三　焦作当阳峪窑址出土骨梳（JD:16）

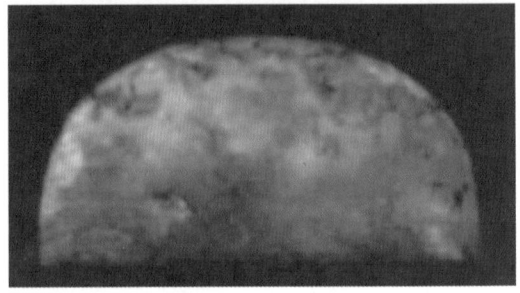

图四　焦作当阳峪窑址出土骨梳坯子（JD:15）

产品必须要满足当地使用人群的需要，其工作的大部分时间应该用在制作生产品上，骨器仅仅是辅助性工具，而发现的骨器有较多已经残损，若是使用如此耗费人工的工具，实在是浪费；最后，发现了半月形骨梳的坯子。而简报中没有提到是否发现动物骨骼，但是骨器出现雕刻、钻孔、镂空、染色等装饰，尤其是未经二次加工的半月形骨梳半成品的出土，可以得知当阳峪窑址可能是二次加工骨器的遗址。

宝丰清凉寺包括两个窑炉、两个房址、两个灰坑、一个水沟等遗迹。出土骨刷（图五、图六）的T2，伴生出宫廷汝瓷碗、盘、洗、盂，民用汝瓷碗、盘、盂、钵、器盖，白地黑花瓷碗、盘、白瓷罐、灯、盂，宋三彩盘、黑瓷碗、盘、匣钵、支钉架、垫圈、支烧、垫饼、研磨器、银勺形器等。而梳子没有出现在清凉寺遗址

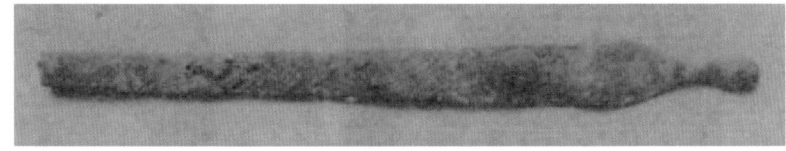

图五 宝丰清凉寺出土骨刷（T2:264）

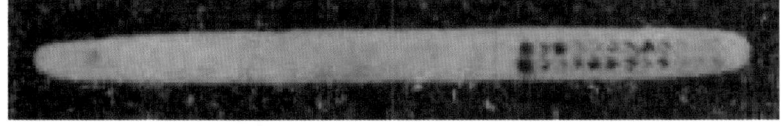

图六 宝丰清凉寺出土骨刷（T2:262）

中，至少说明梳子不是该遗址的制作瓷器的工具，即所谓的制瓷工具"抿子"，也就没有足够的理由来说明其使用的方法和作用。此外，该遗址出土器物主要是瓷器和烧造工具，但是出现了1件银质的勺形器物，形制类似于勺形簪子，不属于工具，其与当阳峪出土的勺形骨器相似，可能都是头饰。那么比较两地的出土器物组合，就会发现，两者有部分相似的地方，那么清凉寺很有可能也存在骨器二次加工作坊。

兴州窑H9内出土碗、器盖、石杵、兽面纹瓦当等。灰坑发现生活用品、大量的动物骨骼、少量的蚌壳等，"L"形支圈占灰坑出土物总量的绝大多数。那么这个遗址不仅仅是窑址，很可能还是用来倾倒制作瓷器的废物场和骨器作坊三者合一的手工业专门区域。而在赤峰、朝阳、张家口、唐山等都发现过鲍家营窑址的器物，再加上如此多的支圈和万余件瓷片，可以看到该窑址的产量很大，服务范围很广。据史料记载，隆化曾是奚人故地，辽圣宗时，将冀幽各地汉人迁至中京道北安州；金代时复设北京路兴州；蒙古太祖十年（1215），兴州归蒙古，元建国后，改为上都路兴州；明永乐年间，兴州五卫治所南迁，隆化废弃成为蒙古游牧地区。因此，其延续时间较长，依托于城市和手工业作坊，拥有较为稳定的技术支撑。但是有一处疑点，在其附近的土城子也出土了骨刷，而一个城址出现两处动物骨骼聚集区，其实是时代上的不同。两个遗址是早晚两处作坊，土城子出土的骨刷形制早于兴州窑出土的骨刷，而兴州窑址位于土城子外围。因此，很有可能兴州窑的骨器作坊随着窑址的新建，在晚期迁移到了原兴州城外，土城子的骨器作坊就此废弃。即兴州城城内存在一处早期的骨器作坊，到了晚期，骨器作坊随着兴州窑址的烧造，迁移到了原城址外。

通过窑址中刷子的出土情景来看，对于出土植毛骨刷并且有骨器、骨料等伴生的窑址，其性质并不单纯是制瓷窑址，而是与瓷窑同时、既共享工业资源又相互独立的二次加工骨器的作坊。

三、骨刷的功能蠡测

骨刷是来源于骨器加工作坊的成品和废品。也就是说，出土骨刷的堆积单位属于骨器作坊，窑址出土的骨刷不是辅助瓷器加工而制作的工具，而仅仅是单纯的手工业加工产品。

对于一种从作坊生产出来的器物而言，其废弃后的出土情景，是了解其使用功能的最佳证据，而墓葬是最好的切入点。目前，发现骨刷的墓葬有72座[15]，其中22座有较为确切的出土位置。其中，14座发现于人骨附近且有7座在颅骨附近，8座见于棺（床）附近。由此可知，骨刷多位于墓主人或棺床附近，是墓主人身边的生活器具。从所有骨刷共出物的统计来看，除碗、瓶、罐等墓葬常见的日用器皿之外，其多与簪子（37%）、镜子（31%）、耳饰（23%）共出。发现置于梳妆箱（奁、小布包、牛皮纸袋、纸盒）内的刷子共有20件，其中梳子是出现频次最多的，其次是镜子、篦子等。由此可知，骨刷很可能与梳妆有关。此外，南宋福州黄昇墓⑯中出土的1件刷子,其刷毛残留有"发丝和油垢"。借由该证据与前文结合来看,墓葬中的骨刷实为梳妆用具。

同时,窑址中的骨刷,也多与骨簪、骨梳共出,这与上文墓葬中的骨刷出土器物组合基本相同。此外,我们对器物生产、使用、废弃这三大过程的认识得到丰富,可以认为窑址中生产出来的骨刷和墓葬中废弃的骨刷,使用时的功能有着某种一致性。那么,从目前的资料来看,骨刷不是制作瓷器的工具,而是宋代以来的梳妆用具。

————————

① 刘震伟:《洛阳涧西金墓清理记》,"洛阳西郊七里村墓葬骨刷图",见《考古》1959年第12期。

②⑫ 河南省文物研究所:《宝丰清凉寺汝窑址的调查与试掘》,《文物》1989年第11期。

③⑪ 杨佩、杨贵金:《古代剔刻划花瓷制作解谜——河南当阳峪古窑址发现剔刻划花工具》,《文物春秋》2007年第4期。

④ 焦作市文物工作队、沁阳市文物工作队:《焦作沁阳南外环路宋墓M1发掘简报》,《中原文物》2012年第4期。

⑤ 赵青云:《宋代汝窑》,河南美术出版社,2003年,第39—42、75—80页;欧阳希君:《窑业工具考——瓷刀》,《中国文物报》2005年7月15日第7版;欧阳希君:《欧阳希君古陶瓷研究文集》,世界学术文库出版社,2005年,第319—320页;赵青云、赵文军:《汝瓷珍赏·民间收藏》,文物出版社,

2007年;孙彦春:《中国钧窑志》,中州古籍出版社,2011年,第163—164页;许绍银、许可:《中国陶瓷辞典》,中国文史出版社,2013年,第388页;单晔:《北宋汝窑研究》,郑州大学2012年硕士学位论文;马一博:《北方地区唐宋元时期制瓷工具初探》,吉林大学2017年硕士学位论文。

⑥ 叶喆民:《中国陶瓷史(增订版)》,生活·读书·新知三联书店,2011年,第240页。

⑦ 刘敦愿:《刘敦愿文集(上)》,《岳石文化的陶器艺术》,科学出版社,2012年,第132—142页。

⑧ 敖汉旗博物馆.:《敖汉旗羊山1—3号辽墓清理简报》,《内蒙古文物考古》1999年第1期。

⑨ 王健华、李国强:《古瓷辨赏》,紫禁城出版社,1996年,第5—8页。

⑩ 葛季芳:《从千寻塔文物看大理国与中原文化的联系》,《白族研究百年》(四),民族出版社,2008年,第141—142页。

⑬ 北京市文物研究所:《北京龙泉务窑发掘报告》,文物出版社,2002年,第185—186、398、411—414、439页。

⑭ 河北省文物研究所:《隆化兴州窑考古取得阶段性成果》,《中国文物报》2010年7月2日第4版。

⑮ 贾帅:《考古所见宋元骨刷研究》,黑龙江大学2016年硕士学位论文。

⑯ 福建省博物馆:《福州南宋黄昇墓》,文物出版社,1982年,第77—79页。

(作者单位:黑龙江大学历史文化旅游学院考古系)

施艺于玉，如琢如磨

——清代玉器与玉文化的时代感

董 胤

我国有着悠久的玉器制作历史和传统，距今约8000年前，我们的祖先就已经把玉从石器工具之中分离出来，在漫长的历史演进中将信仰、人格、道德、审美、艺术等诸多文化内涵寄托其中，使其成为包含了祭祀天地神鬼、象征礼制道德、彰显权力财富、抒发宣泄情感等不同表达的器物。

清代是我国古代玉器史上辉煌繁荣的阶段。在艺术领域里，摹古、吸收外来文化和创新成为制作者们的发展方向[①]，在选料、题材、工艺、纹饰等方面都是历代玉器精髓之集大成者。这些成就与国家统一与社会安定和谐，政治、经济、文化昌明，帝王贵胄之推崇，文人墨客的支持等因素都有着密不可分的联系。清代玉器多为传世。清代玉器在制作上分为宫廷和民间两支，至今可见的清代玉器在种类、数量上都是此前历代所无法比拟的。特别是宫廷用玉，几乎覆盖了从物质生活到精神生活的方方面面。这些精雕细刻、极尽巧思的玉器珍品，都是中华民族宝贵的文化遗产。中国国家博物馆收藏各类清代玉器近7万件，其中不乏精品，本文将掇菁撷华以飨诸位方家。

一、发展脉络与社会环境

自清初至乾隆二十五年（1760）以前，因受到玉料来源的限制，玉器制作在技术和艺术等各方面进展都颇为缓慢。而这一窘况在乾隆二十年至二十四年（1755—1759）分别解决西北额鲁特蒙古和新疆回部分裂问题的大背景下得到改善，和田、叶尔羌等地的优质玉料因运输渠道的打通而源源不断地输送进内地和宫廷之中，供给造办处与苏、扬两地使用。从乾隆二十五年至嘉庆十七年（1812），平均每年四千余斤，共计供进内廷的玉石多达二十万斤[②]。常言道"上有所好，下必甚焉"，乾隆皇帝爱玉成痴，在位期间所用玉器数以万计，涵盖几乎全部宫廷生活，如此充足的优质玉料，加之国家雄厚的经济实力、精湛的技术和丰富的想象力等诸多因素兼备，自此玉器行业急速迈向发展的全盛时期。

从艺术价值和文化价值上来说，清代玉器紧紧围绕着时代的形式性审美诉求，雕刻上追求的繁复精工，促使其在艺术上散发出强烈的世俗感。无论宫廷还是民间的玉器，造型、纹饰等都折射出了当时社会生活的各个层面。在设计制作宗旨上也逐渐摒弃了宋元时期形神兼备的现实主义思路，开始精雕细刻的追求工艺性、赏玩性、普世性，并带有一定攀比心理。清代玉器与文人生活的关联甚为紧密，他们于书房之中所用毛笔、笔洗（图一）、笔筒、笔架（图二）、笔捺、墨床、水注、砚台、镇纸（图三）、臂搁（图四）、烛台、帽架等物都可借玉为材。文人士大夫阶层的好恶更是直接左右了清代玉器在某些方面的艺术走向。达官显贵们不惜斥以

图一 螭衔灵芝双耳洗

图二 莲藕形笔架

图三 双龙镇纸

图四 松竹梅纹臂搁

重金制作大型玉山子、玉石盆景等各种奢华至极的陈设装饰物,而乾隆皇帝"玉痴"的特殊癖好及和田玉的广泛使用更是示范了以玉彰显国运的认知。在清代宫廷玉器中,玉料品质精且奇,明知工艺纷繁复杂却刻意为之的玉器层出不穷,令人目眩神迷,今日我们耳熟能详的清代传世巨型玉雕也在此时应运而生。

二、质美与工巧

从材质上来说,清代玉器制作用料十分广泛,其中以和田玉为主。回部每年分为春、秋两季向清廷进贡玉石。故宫珍宝馆和玉器馆所藏103件玉器中有和田玉材质78件,占比75.7%[3]。乾隆四十三年(1778),乾隆皇帝决定凡回人、维吾尔人所采之玉可由官方收购,不允许内地商人到新疆贩运玉石,否则"即照窃盗例计赃论罪"[4]。到了嘉庆四年(1799),由于库存玉石过剩,取消了乾隆四十三年的禁令,允许民间采玉贩玉和玉石在民间流通[5]。关于和田玉的开采、进贡、使用情况,我们从乾隆御制诗《咏和阗玉碗》中"和阗捞玉春秋贡"句及《和阗采玉》中"和阗采玉春秋贡"句即可窥知一二[6]。和田玉在历史上自"三代"开始即为帝王所青睐,为中国使用时代最早、数量最大的玉石。帝王玉取自和田,于是和田玉成为帝王玉的中流砥柱,支撑其发展演变长达2000余年,其他地方玉料在帝王心目中是毫无地位的[7]。例如乾隆皇帝所用二十五方玺印中,仅有两方分别为黄金和梅檀木材质,其余皆为和田玉,可见其被重视程度远超金、木。和田玉主要产于昆仑山的矿脉中,根据颜色变化可划分出白玉、羊脂玉、青白玉、青玉、墨玉、黄玉、碧玉、糖玉八种。最上乘的和田玉细腻洁白、温润光洁,宛如羊脂,称为羊脂玉。上好和田玉做成的玉器光泽柔和、颜色统一、触感温润,受到上至皇室贵胄、下到民间百姓的一致喜爱与追捧。

清代中期玉器生产数量多,品质与工艺俱佳,而我们今天耳熟能详的清代玉器代表作多属于乾隆时期。和田玉虽好,但无论什么玉料,或多或少都会带有天然的绺裂、杂质等瑕疵,所以为了玉器的精致美观就需要"挖脏去绺"因材施艺。能否成就一件美器就全凭匠人的匠心与巧手,要把质地、色泽近乎无可挑剔者、略有瑕疵者、仅某一方面突出者区分对待,这其中自然也包含了"惜物"的精神与原则。玉料白者多用于制作厚重器物以突出洁白纯净和端庄高贵,而玉料青者则要以轻薄感突出玉的光洁润泽,如痕都斯坦玉器类即如此法。加之有时所治玉器或器形复杂,或装饰手法繁复,或二者兼之,故清代碾玉工艺除传统的圆雕、浮雕、平雕、镂雕外,还要大量使用套料、薄胎、镶嵌、环链、俏色、内画等难度较大的特殊治玉技艺。此外,相较前代更加讲究的抛光工艺也让玉质在温润感中更添一丝灵动。在雕琢方法的称谓上,先秦称琢玉,唐宋称碾玉,明清称碾,今称雕刻[8]。和田玉在古代用玉中凭借最好的韧性和抗弯折度,成为无数达官显贵、文人雅士、能工巧匠满足物质需求、寄托人文精神、施展超凡技艺的重要载体。

三、融会贯通,汲古而新

清代玉器制作继承和延续了中国数千年来的治玉技艺和文化涵养,在归纳总结前人工美经验与审美喜好的基础上还能有所突破。玉器艺术时至清代开始侧重向两个方向发展。一方面是崇古和仿古。清李渔《闲情偶记·器玩部·古董》:"崇高古器之风,自汉魏晋唐以来,至今日而极矣",玉被碾成古器物造型,如商周青铜、汉玉、宋代陶瓷都是被模仿的对象(图五),这种拟古主义浪潮在玉器上的反映跟乾嘉考据学派和清宫中对古器物的搜集与整理鉴别有很大关系。清代是我国古代考据学兴盛时期,清以前研究金石学之人为855人,清代则为1505人,超过了历朝人数总和[9]。这股风潮也直接影响到了宫廷。皇帝的支持更是带动大量研究考据、金石学的文人士大夫涉猎其中。乾隆皇帝就对古玉的年代、名称、用途等方面进行考释,撰写有《圭瑁说》《五瑞五器说》等,更是将中意的前代玉器进行加工,或改制或加刻诗文与"乾隆年制"款识。另如瞿中溶著《奕载堂古玉图录》、吴大澂著《古玉图考》、端方著《陶斋古玉图》、陈性著《玉纪》、唐荣祚著《玉说》等,更是影响久远的图录或专著。文人士大夫的种种表现,说明清人爱玉并非单纯为了炫耀财力或以玉牟利,而是上升

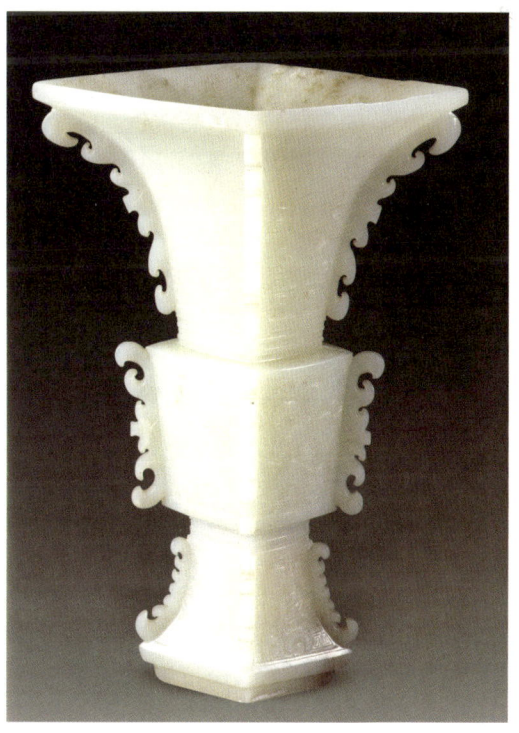

图五 玉蕉叶兽面纹出戟觚

图六 双獾

为对玉文化的学术研究并形成风潮。这种现象一直延续到了清末民初之时,诸多达官显贵、文人商贾聚集于廊房二条玉器街、琉璃厂古玩街等处鉴识淘换玉器。此时,"人仪之美,比德于玉"早已不再禁锢于象征权力与财富的藩篱中,而是更深层次寄托了清代文人对于上古礼制和圣贤生活的无限向往。

另一方面是寓意手法。清代玉器的造型和装饰纹饰都蕴含丰富寓意,也就是我们常说的"图必有意,意必吉祥"。其中以谐音寓意手法最为所有人喜闻乐见,例如猫与蝶谐音为"耄耋",古钱与蝙蝠谐音"福在眼前",鱼与莲谐音"连年有余",花瓶与戟谐音"平升三级",瓜与蝴蝶谐音"瓜瓞绵绵",柿子与如意谐音"事事如意",马与猴谐音"马上封侯",喜鹊与梅花谐音"喜上眉梢",双獾谐音"双欢"(图六),等等。象形寓意也是纷繁多样,如松柏、龟、蟠桃象征长命百岁,仙鹤象征吉祥富贵,扁豆、石榴象征多子多福,法轮象征时来运转,等等。这些带有吉祥寓意图案的玉器折射出的是人们对于传统文化的继承、趋吉避凶的期许。虽然这类题材在新石器时代就已发端,到汉代时已颇为盛行,但是清代玉器遵循的吉祥寓意图案装饰内涵是这一时期纹饰主要特征与清人内心活动的提炼和缩影。清代玉器的历史地位很大程度来自文人的参与,深厚的学养沉淀成为清代玉文化深远的意境,甚至有些玉器画稿的绘制就是出自文人画家之手,此外也有一些经典玉器画稿出自画院或民间画工。尤其玉雕山林景观类图案在山水、人物、动物、花卉等物态的刻画上,取景、布局、层次等视觉传达及表现语言上都深受清初"四王"画风影响,章法上可见向正统派和文人画借鉴的明显痕迹。文人观念与文人绘画都给玉器装饰图案及表现手法提供和注入了内涵支持,西园雅集、秋山行旅、竹林七贤、携琴访友、赤壁夜游、太白醉酒等都成为常见题材。绘画以外的工艺品如陶瓷、丝织品、雕刻器上的图案也为丰富玉器装饰纹饰多样性提供了重要参考。

四、珍赏与雅玩——清代玉器的形态及文化内涵鉴赏

清代玉器的另一显著特点是除了器物自身实际用途外,更加注重兼顾文玩清赏的志趣,如一些生活实用品也具有陈设、装饰、观赏等功能。以玉为材质的器物规模空前地替代了原本应由金属、竹木、陶瓷等材质制作的器物。玉器在形态塑造与装饰内容上取材更广泛,金石、诗文、书画种种皆可为题入玉,有时往往汇集多种文化内涵于一身,很大程度上增加了玉器的观赏性和趣味性,践行了"道在器中"和"器以载道"的精神内核。清代玉器种类主要有典章用玉、观赏陈设器、生活用品、文房用具、佩饰、宗教用品、痕都斯坦玉器等。从艺术类型上则可归纳为仿古类、仿生写意类、仿痕都斯坦玉器类。中国国家博物馆所藏清代玉器数量质量兼备,上述种种皆有可圈可点之器。

1. 描金云龙纹玉磬

此磬由大块和田碧玉制成,呈现出钝角矩形,形制规整,玉质纯润,光可鉴人,两面均沿内边描金双线,内绘描金二

图七　描金云龙纹磬-1

图八　描金云龙纹磬-2

龙戏珠纹及云纹（图七、图八）。磬上方有一穿孔，可系绳以悬。一面篆刻填金文："特磬第六中吕。大清乾隆二十有六年，岁在辛巳，冬十一月乙未朔，越九日癸卯琢成。"另一面有乾隆御制铭文："子舆有言，金声玉振，一箦无双，九成递进。准今酌古，既制镈钟，磬不可阙，条理始终。和阗我疆，玉山是蠢，依度采取，以命磬叔。审音协律，咸备中和，泗滨同拊，其质则过。图经所传，浮岳泾水，谁诚见之，鸣球允此。法天则地，股二鼓三，依我绎如，兽舞鸾鬠。考乐惟时，乾禧祖德，翼翼绳承，抚是万国。益凛保泰，敢或伐功，敬识岁吉，辛巳乾隆。乾隆御制。"此玉磬为十二特磬之一，也称仲吕特磬，材质多为碧玉或灵璧石，十二枚大小相同，厚薄定音，以对十二音律，乃是清代宫廷雅乐——中和韶乐所用乐器，用于祭祀、朝会、宴会等场合。

2．"皇帝之宝"玉印

此印用大块碧玉碾成，尺寸极大。印钮为盘龙状造型，雕琢精细，龙身及四肢粗壮，龙爪有力，庄重威严，抛光一丝不苟，细腻平滑（图九）。印文为阳刻合璧满、汉文"皇帝之宝"篆书（图一〇）。作为皇权的重要象征，清朝皇帝颁发诏书时要钤这方印。此印为1959年故宫博物院拨交我馆[10]。

清朝皇帝用印称为御宝。《清史稿·舆服三》曰："清初设御宝于交泰殿，立尚宝司。"[11]乾隆以前，御宝并没有规定明确的数目，而是按需而铸。《大清会典》记御宝二十九方，宫内六方、内库二十三方。实际上那时交泰殿所贮御宝已达三十九方之多，数目与贮存地都与《大清会典》的记载不相符合[12]，并且对某些御宝认识错误较多。乾隆十一年

图九　"皇帝之宝"玉印

图一〇　"皇帝之宝"玉印印文

（1746），乾隆皇帝重新考证排列了所有御宝，将其总数定为二十五方，并且每一方都有明确的使用范围，体现了皇帝行使国家最高权力的各个方面。乾隆十三年（1748），创制满文篆法。乾隆皇帝下旨"大清受命之宝""皇帝奉天之宝""大清嗣天子宝"保留汉文篆书、满文本字，青玉"皇帝之宝"为满文篆书以外，余二十一宝一律将其中的满文本字全部改用篆书[13]。

3. 御题花鸟纹玉如意

此件如意由整块和田白玉雕成，造型端庄大气（图一一）。端首呈如意云头状，面上浅浮雕从水中跃出的两只鲇鱼，寓意"年年有余"，顶端雕刻一只蝙蝠，寓意"福从天降"（图一二）。曲柄正面高浮雕水仙和灵芝，象征吉祥、长寿、富贵。背面刻有乾隆皇帝于1788年新春之际御制诗文一首："水玉出河中，品高制亦工，执尤宜岁首，咏祇祝年丰。讵比华贵玩，犹存朴素风。年年如意者，绥屡愿原同。"乾隆一生爱玉咏玉，他以玉字入诗800首[14]，这从其留在另一件玉器上的诗文"君子无事不离玉……五德咸备堪为友"中可有所感，故此凡是喜爱之玉器，无论古今皆作诗文命工匠刻于器身。玉如意的制作在乾隆时期从数量到形制都远超前代，可见其对玉如意的喜爱程度非同一般，在郎世宁绘制的《弘历观画图》中，乾隆身旁的侍从手中就持有一长柄玉如意。明清时期玉如意样式大致可分为天官式、三镶式、灵芝式三种，天官式寓意"天官赐福"，传为天官所执，花头、直柄，造型流畅，结构简单；三镶式在三者之中最为昂贵，主体为珍贵木材或者铜鎏金材质，头、尾及柄中部再镶嵌玉质瓦面，瓦面上还要装饰吉祥图案；灵芝式头为灵芝形，是按照灵芝的样子仿生而成。如意在清代是进贡贺寿、赏赐臣子、婚配信礼、赠送使节之物，既可作为装饰品，亦可为手头器玩，还可用于节日祈福，故清代如意多有传世。

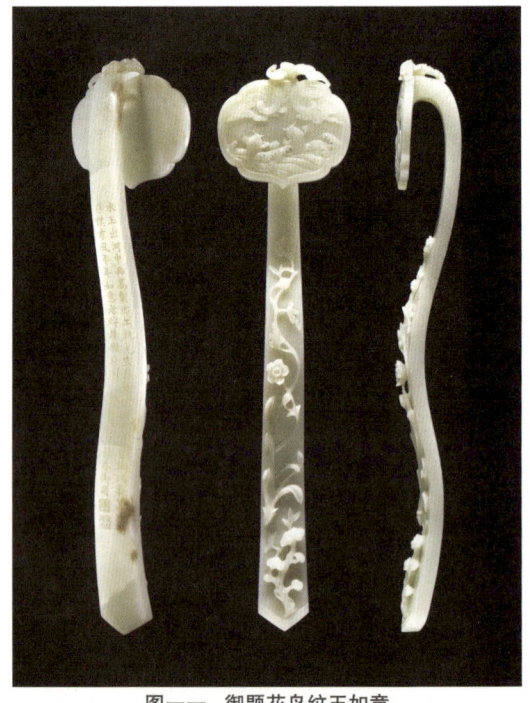

图一一 御题花鸟纹玉如意

图一二 御题花鸟纹玉如意端首

4. 玉镂雕梅花纹瓶

瓶体为长扁形，瓶直口，短颈，肩部以下渐收，平底。有盖，子母口，盖顶有一圆钮，瓶身一侧镂雕一梅树，梅枝参差环抱瓶体（图一三）。此器白玉用料厚重，玉质纯净，瓶体素面无纹更加凸显白润光洁之感。梅树雕刻自然逼真，采用镂空、浮雕等雕刻技法。梅花在清代作为装饰图案广泛使用在许多工艺品上，它还经

施艺于玉，如琢如磨

图一三　玉镂雕梅花纹瓶

图一四　玉镂雕菊花纹花熏

常与松、竹一起雕刻为"岁寒三友"。此器原为清宫旧藏，是一件精致美观的宫廷陈设器。

5. 玉镂雕菊花纹花熏

青白玉，玉质细腻润泽，为和田玉料。花熏呈盖碗式样，由底足、主身、盖、顶组成，上下垂直到位（图一四）。器子母口，口、颈部有对称双耳，高圈足外撒。整器上、下镂空花卉纹饰，故称"花熏"。盖钮为花朵形，顶上雕刻盛开菊花纹，下刻花叶纹。器盖上部环刻莲瓣纹，盖面镂空雕刻缠枝菊花纹。双耳上部雕刻菊花纹，下接绞丝纹活环。器肩部与底部环刻莲瓣纹，腹部雕刻缠枝菊花纹。圈足上端环刻莲瓣纹，下部采用镂空装饰。此器原为清宫旧藏，其制作展现了玉器传统工艺中的套料工艺，难度极高。

6. 玉鱼龙形花插

此器为青玉质地。器物雕刻为两只海兽，形象各具特色（图一五）。大海兽龙首鱼身，形似鸱吻，仰视，口部中空可插花，下颌部阴刻篆书"乾隆年制"四字款（图一六）。小海兽圆眼，长鼻向下勾卷，形似摩羯。下刻寿山福海纹。此器所雕双兽造型协调，雕刻精湛，两兽一大一小，一高一低，仰面相对好似有所呼应，为清代玉花插中不可多得之精品。

7. 玉刻花诗文盖碗

青玉，碗直口，折沿，弧壁，腹下渐收，圈足。带盖，顶上凸起环形钮。盖面阴刻填金梅花、佛手、松树纹。碗外壁竖刻乾隆皇帝御题诗一首，阴刻填金："梅花色不妖，佛手香且洁。松实味芳腴，三品殊清绝。烹以折脚铛，沃之承筐雪。火候辨鱼蟹，鼎烟迭生灭。越瓯泼仙乳，毡庐适禅悦。五蕴净大半，可悟不可说。馥馥兜罗递，活活云浆澈。偓佺遗可餐，林逋赏时别。懒举赵州案，颇笑玉川谲。寒宵听行漏，古月看悬玦。软饱趁几余，敲吟兴无竭。乾隆丙寅小春御题。"下钤"乾""隆"二字篆书款（图一七）。

乾隆十一年，乾隆皇帝秋巡五台山回程至定兴遇雪，在帐中君臣同品三清茶时赋诗一首，将饮茶之道和个人感悟娓娓

文物研究

图一五　玉鱼龙形花插

图一六　玉鱼龙形花插上的篆书年款

图一七　玉刻花诗文盖碗

道来。此诗收在乾隆《御制诗初集》卷三六，题作《三清茶》，题下自注云："以雪水沃梅花、松实、佛手啜之，名曰三清。"[15]此器应属乾隆御用茶具，为每年正月吉日重华宫盛大茶宴时所用，以"三清茶"诗文碗品三清茶，足见乾隆皇帝之清雅。此类碗为乾隆皇帝得意之作，常将三清茶碗赏赐与宴大臣，借此诗劝导群臣勤政清廉，受赏者则如获至宝。

8. 玉"寿"字八宝纹盒

白玉，圆盒，有盖。盒子母口，圈足。盒内壁光素无纹，盖顶圆形开光中心内圆中减地浮雕一"寿"字，四周环绕八宝纹：法轮、法螺、宝伞、白盖、莲花、宝瓶、双鱼、盘肠（图一八）。八宝纹也称八吉祥纹，在清代普遍使用在瓷器、木器、漆器上。此器玉质为新疆和田玉，玉质洁白油润，制作考究，纹饰细腻，为清代玉器中的佳品。

9. 玉渣斗

白玉，口沿外壁及肩部略带皮色，撇口、长颈、鼓腹、圈足（图一九）。通体素面无纹，不以装饰取悦于人，胜在玉质莹润光洁，触手升温。造型拿捏舒适，工艺精湛。玉渣斗作为清代宫廷用器，实用与陈设功能兼备。

10. "御制咏文房四事"诗玉册

玉册由紫檀装订而成，紫檀面上减地浮雕云龙纹及海水江崖纹，雕工精湛，

图一八　玉"寿"字八宝纹盒

· 50 ·

施艺于玉，如琢如磨

图一九　玉渣斗

图案繁复。此玉册制作极其考究，内共十二开，首、尾玉简阴刻描金云龙纹、火珠纹、海水江崖纹。每开一侧用长方形青玉简阴刻隶书描金"御制咏文房四事"诗文，另一侧用墨书撰写相同内容，字体结构端庄严谨，笔力遒劲却不失俊逸流畅（图二〇）。

11. 玉饕餮纹出戟扁瓶

碧玉材质，造型仿古代青铜器造型。盖子母口，钮上饰饕餮纹。颈、足部装饰蕉叶纹，颈部两侧雕刻兽首衔环。通体雕琢八条扉棱纹，瓶腹上、下浅浮雕夔龙纹，中间三层为饕餮纹及云纹（图二一）。这件器物原为清宫旧藏，碧玉色泽与青铜器颜色相近，可谓是惟妙惟肖，乃是清代仿古玉器中的佼佼者。

乾隆皇帝崇古意识强烈，尤其对"三代"青铜礼器和玉器有特殊偏爱。在他的推动之下，玉匠制作了大量仿古彝器和仿古玉，青铜器中的尊、鼎、炉等器物都是被频繁模仿的对象，并且相较于明代出现许多新造型。见于《中国玉器全集·6·清》所载者，有双联璧、狩猎纹豆、双耳钫、提梁卣等，都属首见新品类[16]。仿古类玉器有些仿造型，有些仿纹饰，也有二者兼之，很多器物上还仿刻铭文。这些器物是为了满足皇帝的个人嗜好，故在选料与工艺上都一丝不苟，力求完美。

12. 玉镂雕双螭纹"宜子孙"佩

青白玉，局部有沁。此佩造型仿汉代"宜子孙"佩造型，虽尺寸较汉代小但更加复杂。镂雕，下部为璧形，璧上出廓透雕童子骑羊和卷云纹。璧面透雕，两侧为双螭纹，中间圆形透空上下透雕篆书"宜子孙"三字，璧一侧阴刻"乾隆年制"款（图二二）。

图二〇　"御制咏文房四事"诗玉册

图二一　玉饕餮纹出戟扁瓶

文物研究

图二二　玉镂雕双螭纹"宜子孙"佩

图二三　玉镶宝石嵌金八方盒

清代宫廷仿古玉器中的仿汉代玉器成绩斐然。以玉佩为例，佩上装饰纹的雕刻方法与汉代玉佩如出一辙，也系采用汉代玉佩上的游丝跳刀方法雕刻而成，线条若断若续，准确不乱[17]。加之宫廷玉作特有的烤色、做沁等做旧方法，足能以假乱真，这都得益于对汉代玉器的深刻认识。此类"宜子孙"璧式佩一般都外装紫檀木匣，配诗画册页，应是用于宫廷赏赐。

13. 玉镶宝石嵌金八方盒

盒体为青玉质地，呈八方形，带盖，平底。八方形盖顶及盖面嵌金丝组成枝叶等纹饰，并镶红、蓝等各色宝石装饰。盒体八面每面均装饰花草纹，阴刻填金丝并嵌宝石以装饰，四周环绕金丝为框（图二三）。此器物工艺精湛娴熟，造型、纹饰等方面都明显异于中国传统玉器，有浓重的伊斯兰风格，属于痕都斯坦玉器类，原为清宫旧藏。

痕都斯坦玉器主要生产于今印度河中下游地区、巴基斯坦北部、阿富汗东部等地[18]，乾隆后期传入中国，艺术风格颇具特色。喜用纯色的玉材雕琢，器形和玉色协调，一器一色，讲究"透""薄"的效果，追求纯净美[19]。抛光技术极为细腻，晶莹剔透有玻璃光泽。器物外壁上还嵌金、银丝和各色宝石及玻璃，组成如西番莲、铁线莲等植物花卉纹饰，对波斯、印度等国的雕刻风格有所借鉴。此类器物深受乾隆皇帝喜爱和推崇，赞誉为"鬼工""仙工"，曾作诗数十首吟咏，清宫造办处玉作进行仿制，称为"西番作"，器物多为各类实用器。

中国玉文化历经了漫长的发展，时至今日仍独步世界。清代玉器所取得的成就是空前的，如和田玉的广泛使用、巨型玉雕的辉煌，共同铸就了中国古代玉文化历史进程中最后的巅峰，而清代玉器与玉文化正是时代综合之缩影与映照。"黄金有价玉无价"，纵观清代玉器与玉文化的时代脉络，所留给今人的宝贵精神文化、物质文化、行为文化财富依旧熠熠生辉。

---

①于平：《北京地区玉器》，载《北京文物精粹大系》编委会、北京市文物局：《北京文物精粹大系·玉器卷》，北京出版社，2002年，第24页。

②杨伯达：《清代宫廷玉器》，《故宫博物院院刊》1982年第1期。

③褚潇：《器以载道——试论清代玉器与清代文化》，中国地质大学（北京）硕士学位论文，2006年。

④⑤⑧孔富安：《中国古代制玉技术研究》，山西大学博士学位论文，2007年。

⑥周晓晶：《清代和田玉的开发与使用》，《辽宁省博物馆馆刊（2010）》，辽海出版社，2010年，第346页。

⑦杨伯达：《中国和田玉玉文化叙要》，《中国历史文物》2002年第6期。

（下转第61页）

开启北京水下考古的新纪元

郭京宁

一、引言

传统考古学研究领域较多关注陆地文明，关心古人定居生活、生产活动、墓葬与祭祀等行为产生的房址、灰坑、窑址、墓葬等遗迹，而对码头、古河道、古船、水下沉积物等与"水"有关的遗存缺乏同等的重视。

这种情况主要由四方面原因所致：一是水下考古的学术驱动力不够。考古学首先考虑的是物质文化编年问题，在这一主导目标下，陆地考古对资料的获取、积累、研究、解释都比水下考古有着显而易见的优势。二是水下考古的方法和内容不清。地层学与类型学作为陆地考古的两大支柱，其正确性已得到了充分的实践，操作性也臻于成熟。而水下考古的一些操作方法和研究内容往往与一些其他学科混在一起，本身的独立性不明确。如河道变迁一直被归属为历史地理学的研究领域，漕运研究被看成是交通史方面的内容，似乎都与考古学无关。三是考古工作的类别以陆地为主。不论是基本建设中的考古还是主动性考古，陆地考古出现的概率都要远超水下考古。四是水下考古需要专门的人力、物力。水下考古由于其技术的特殊要求，需要专用设备，投入大，产出小，且需专人操作，运营成本较高。这些认识及条件在很大程度上制约了从水下考古的角度开展工作、总结问题。

实际上，自苏秉琦先生将中国的考古学分为面向陆地、面向海洋两大支以来，海洋文化便被置于与大陆文化同等的高度[①]。1989年，原中国历史博物馆与澳大利亚阿德莱德大学合作举办"第一届水下考古专业人员培训班"，标志着当代水下考古技术、方法传入中国。1990年福建连江"白礁一号"的发掘，可视为正式工作的开始。此后，福建、广东、辽宁等地相继开展了"南海一号""碗礁一号"、绥中三道岗、"致远舰"等沉船的打捞和云南抚仙湖水下考古、安徽柳孜唐代沉船及码头、广西棉江花山水下岩画、四川明代"江口沉银"、浙江慈溪上林湖越窑水下调查等考古活动，取得了重大的学术成果，直至近年走出国门，承担肯尼亚拉穆岛海域的沉船遗址发掘及水下调查。水下考古，已成为学科发展新的增长点和有力支撑。

田野考古学从研究手段和对象上可分为陆地、水下及航空三大支。陆地考古最主要和常见，可按埋藏环境的不同分为平原、丘陵、洞穴、沙漠、高原等考古。水下考古指对水下文化遗存的调查、勘测、发掘与研究，其实质是传统陆地考古在水下方面的延伸。根据水下文化遗产公约，水下文化遗产是指至少100年以来，周期性地或连续性地、部分或全部位于水下的具有文化、历史或考古价值的所有人类生存的遗迹，如遗址、建筑、工艺品、人的遗骸、船只、飞行器及其具有考古价值的环境和自然环境等。

就不同的研究对象，水下考古又可分为内水（湖泊、水库、内河、运河等）考古及海洋考古两大类，两者的研究方法、技术手段和学科任务有差异，但都属于水下考古范畴。当然，水下考古不仅仅简单等于内水考古+海洋考古。水下考古更多强调的是"现在水下"：研究对象是水下文化遗存，技术完成的过程在水中。而内水和海洋考古强调的是"曾经水下"：研究对象既包括了水下也包括了已经成陆地但与之相关的遗存。这是从研究对象的埋藏环境和研究对象本身两种不同分类方法造成的概念差异。

北京的水下考古主要是内水考古，又可分为运河考古、湖泊考古等。然而考虑到水下考古这一概念更易被大众理解和接受，本文采用"水下考古"的提法。但如果不特指技术层面，主要还是指内水考古。

北京区域总面积约1.68万平方公里，其中水域面积约480平方公里，占2.9%。比重虽不大，但跨越北京全境，因此北京水下遗存占据着独特的地位。北京水下考古同地震考古[②]、环境考古[③]、植物考古、冶金考古等一样，都是北京考古学的重要组成部分，也是北京历史文化"金名片"的重要内容。

二、考古发现

北京地区的水下考古遗存，主要由遗迹和遗物构成。

（一）遗迹

1. 古河道

拒马河、永定河、北运河、潮白河和蓟运河及支流组成了北京的五大水系。历史上它们曾多次改道，形成了若干古河道，如潮白河故道、永定河故道等。众多古河道及其内的遗物是北京主要的水下遗存。还有清河、凉水河、高梁河[④]等较小规模的河流。

漕河故道众多是北京水下考古的特色，如永济渠故道、萧太后运粮河故道、金闸河故道、通惠河故道、金口新河故道等。通州张家湾镇西定福庄南的大运河故道，时代为金至清代。秦汉利用古沽水一段运粮济边。金建中都于燕京后，疏治潞水开辟漕运，并于通州制造战船经此南伐。元、明、清三朝，京师漕粮、物资多经大运河抵京。清嘉庆十三年（1808）大运河北端一段改道，现小圣庙、定福庄、里二泗一线成为故道遗址。

除自然水系外，还有金水河、玉河、三里河等城市水系的小型河道和万柳、圆明园等园林水系。

2. 古湖泊

金中都建成后，将西郊的洗马沟改为莲花池。这支水系入宫城后，汇入今广安门外青年湖的鱼藻池。20世纪90年代以来相继进行了五六次勘探发掘，确定了太液池早晚两期的范围和变化。

北京历史上有过各种"海子"，如南海子、延芳淀、海淀湖等。1950年疏浚治理"三海"时，挖出了金银器、玉器、铜器、陶器等。1951年清挖什刹海时，在后门桥底的淤泥中发现了明代子午线石桩。1991年颐和园昆明湖清淤过程中，发现了昆明湖前身、古代瓮山泊的西堤遗址和金代的陶瓷片及条纹砖[⑤]，还有人认为明代的好山园基址也在其中。圆明园福海清淤中也曾发现很多碎瓷片，以清代康、雍、乾三朝为主，多为典型清官窑器物。

现代水库内也淹没着不少古代遗存。如密云水库北部水下的明石闸城、怀柔水库中的清佟国维墓、平谷海子水库里的金章宗女儿金花公主墓，部分属于北京的官厅水库中更是淹没着河北怀来的老县城。

3. 闸

通惠河、长河等城市水系都修有不少闸，以通惠河较多。元代通惠河为解决大都与通州间的水位落差，设闸24座。其中澄清三闸进行了清理或发掘[⑥]。

通州西火车站候车厅前曾有一长条形西北—东南走向水塘，塘下端有用古代长方石料砌成的小桥洞，1996年前后，此塘被房渣土填平。通州上闸约在此处附近[⑦]。通州车里坟村西北的乡间公路上曾发现古代长方石料，有的还带有嵌铁锭的燕尾形凹眼，附近应为元代通惠河上的通州下闸。通州永顺镇竹木厂村南河中，1998年整治通惠河时发现拦河的柏木桩，长2米余，直径10余厘米，应是金代闸河上的一道闸的基础。

4. 桥

桥是架在水中通行的建筑，较著名的古桥有通州永通桥、马驹桥、土桥以及房山南岗洼明代石桥等。

1986年在西单北大街挖电缆沟时发现了一座单孔石桥，而西单北大街的一段仍被许多人称为甘石桥大街。西直门外北下关的高粱桥，始建于元至元二十九年（1292），因桥跨古高粱河得名。原称高粱闸，为青白石三孔联拱式，两侧有石护栏。桥西原有乾隆十六年（1751）所建倚虹堂，南岸有船坞，民国时被拆卖。现桥为1980年展宽路面时重修，水闸已毁。

5. 码头

码头是人员及货物转运、卸装停泊于河岸的主要设施。从建材分有砖石阶状式、土岸排桩式和自然河流式三种，以第三种居多；按功能分有漕运码头、商业码头与客船码头。较为著名的有通州北垣黄船坞、通州旧城东门货运码头、永顺新建货运码头、小圣庙客运码头、大棚村客运码头、张家湾码头、里二泗码头及北、中、下马头村码头、潞县马头村码头、竹木村码头等。

2003年穿大运河管道施工时，于东关大桥西端迤南、滨河路西侧打肩井时，发现潞河驿石砌码头。通州张家湾镇西海子公园葫芦东畔处的石坝码头，是明嘉靖七年（1528）重修通惠河时在入潞河处建造的，似应是循金代闸河河门闸的故迹而建。

6. 堤岸

堤岸是由河道、湖泊衍生出的附属设施，如通州区于家务乡渠头村、马驹桥镇南堤村、马驹桥镇堰上村、张家湾镇坨堤、台湖镇北堤村、潞县镇北堤寺、永乐店镇南堤寺等，皆因永济渠及其堤堰而得村名。

元代用条石砌护积水潭沿岸，"以石甃其四周"。今新街口豁口外的原北京变压器厂院内及地安门商场地下都曾发现过元代积水潭的石护岸遗迹。其岸边砌三层青条石，其下为柏木桩，石与石之间浇铸"银锭榫"。

7. 其他

1970年，西城区甘水桥、西四牌楼发现元大都的沟渠，为了解金水河的流向及方位提供依据⑧。还有西山卧佛寺与碧云寺引水到玉泉山的石渠等。

1990年丰台区右安门外发现了金中都南城墙水关遗址，即供河水进出的水道建筑。水关进出水口及泊岸两侧设有搬石桩，还追寻到了古河道的方向。

1991年在海淀双榆树当代商城大厦施工时发现的古渠，可以与20世纪80年代在北大中关园宿舍楼工地、1991年北大物理楼地下管道施工现场、1991年北大附中前的海淀菜蔬公司工地、1994年双榆树立交桥工地发现的古水道联系到一起，有可能是曹魏时期车箱渠水利工程的组成部分⑨。

昌平白浮九龙口遗址，是导引西山诸泉水，作为通惠河水源的重要工程。

坝有通州北运河滚水坝、东关大桥土坝等。元代坝河沿河建有许多仓储，河上筑有7座大坝，故称"阜通七坝"。

（二）**遗物**

1. 沉船

如果说古河道是北京水下考古的主要遗存，那么沉船就是水下考古的核心遗存，蕴藏的信息量较大，且伴生完整器物。北京迄今共发现古沉船20余艘（表一），以通州大运河出土最多。据统计，通州旧城东门外东关大桥至潞城镇郝家府村南之间3公里运河故道内，即发现元、明、清时期沉船11艘。客、货船皆有，空、重船并存。另有两艘完整沉船在数十里外西集镇马坊村西口古运河河道遗址处⑩。

2. 铁锚

迄今共出土20余件，均为元、明、清

表一 北京地区发现古沉船情况

发现时间	地点	遗存	时代
1954年	通州县永乐店镇德仁务村南	修旧河道时于河底发现1艘6丈长的沉船。	
1969年	通州县张家湾镇西定福庄东南	修筑大型设施时,从环河中挖出了1艘古代沉船。	
1970年	通州县西集镇马坊村西	大运河故道内清理古船1艘,完整尚存。	
1988年	丰台区右安门街道右安门以西500米,北距护城河约300米	距地表8.7米深的地层内发现沉船1艘。船体全部用长条木板拼接,全长14.6米,头尾宽3.9~4.7米,首尾方形,平底,船底板长2~4米,宽0.3米。船板联结皆采用榫卯结构。船上部已残,舷板仅存靠近底板处的一小部分。船体倒扣在淤沙层,内部未见其他构件痕迹。	元代
1989年	丰台区左安门外方庄小区	出土1艘古代木船。船体结构较为原始,用长条木板拼接成形。船身方形,船首略稍窄①。	元代
1990年	朝阳区小红门地区	在凉水河北岸淤沙中发现沉船1艘,船底距今地表深3米。船体通长10米,宽约1米,首尾宽度基本一致。船体为一根圆木凿成,船内有隔板,出有瓷碗、陶钵等。	唐代
1994年	大兴区亦庄镇鹿圈村北	现凉水河南岸地表下3米多的地方,发现1艘古船,船长13米,宽2~3米;在附近还有2条小船,船内铁锅已锈蚀坏。	
1998年	通州潞城镇郝家府村运河南岸	发现沉船3艘。其中1艘船身残长13米,宽3米。	
	通州潞城镇郝家府村运河北岸	发现沉船1艘。船身与河床平行,船身残长17.5米,残宽1.6米,共计9舱,出土有鸡腿瓶、平底罐及横梁木笱等。	元末明初
	通州潞城镇杨坨村西新桥河心	大运河故道内清理古沉船1艘,残存露出。	
	通州潞城镇杨坨村西南,京秦铁路桥南约150米运河西岸	大运河故道内发现1艘沉船。上部距河底约1米,东西向与河床垂直,船底总长约17.5米,中部底宽2.14米,两端底宽1.82米,共计13舱,出土有酱釉水缸、绿釉菜坛、瓷器、紫砂壶、铜锅烟袋、铁斧、铁锅、铁火盆及光绪通宝等明清铜钱。	清代
2000年	通州梨园镇孙王场村南	通惠河故道内发现1艘长10余米的古代沉船残体,船板糟烂,铜钉锈朽,应是通惠河驳运漕粮或运载杂货的沉船。	元代
2003年	通州东关大桥南300米西岸	大运河故道内发现沉船3艘。	
2004年	通州区京秦铁路桥南200米处西岸	大运河故道内发现沉船1艘。	
	大兴区亦庄镇鹿圈村西南砖厂大烟囱北侧大沙坑内	地表下约4米,出土2艘古船;由独木挖成,柏木质,已残朽;1艘残长6.4米,最宽1.3米;另1艘残长2.96米,宽1.5米。此地与1994年发现船的地方相距约1.5公里。	
2010年	通州玉带路大桥西端迤南	距河床10余米处打竖井时,发现1艘载有抛光花板石的沉船。	

时期。通州以古通州城东运河土坝漕运码头、商业码头与客船码头地区出土为多。密云白河河道内也曾出过大铁锚。

2004年通州潞城镇杨坨村西运河北端商业码头处出土的铁锚,高150厘米,锚杆呈八角棱锥体,头径13厘米,尾径4厘米。锚杆头铸"十"字分布的4爪,对爪间距83、79厘米。爪作牛角形,爪根径8.5厘米,尖径1厘米。锚杆尾部铸为圆环,内套铸2环,环径16厘米,环截径2.5厘米。一爪之尖回弯为环,内套铸2环,一圆环,一马蹄环。自锚杆尾环内套铸一长链,链环长圆形,长4.5厘米,套环78环,链长300厘米余。

3.其他

还有压舱金砖、压舱城砖、砸桩石锤、修船铁钉铁镉、塞油灰铁舌等各类文物。较为重要的有1952年在雍和宫北侧发现的《元京畿都漕运使王德常去思碑》,碑文记载有关元末漕运、仓廒等内容;张家湾皇木厂码头出土唐、元、明、清各朝的瓷片数以万计；郝家府村、永顺新建村、东关大桥、通惠河口等处出土的皇木等。

三、意义

（一）挖掘和拓宽考古学自身研究的深度和广度

对水下遗存进行调查、勘测和发掘，是考古从地域向水域的延伸，使得不同埋藏环境的遗存可以被有效地揭示出来。由于水下遗存的时代是延续不断的，因此为唐、金、元、明，包括有可能更早时代的断代考古提供新的资料，也为陶瓷、钱币、沉船等不同类别的物质文化史的专题考古提供新的资料，还为遥感考古、新考古学、实验考古、物理考古等考古学新分支、新领域提供资料。

（二）增添其他学科研究的材料与支撑

以水下遗存为基础资料，贸易、手工业、防卫、交通等学术史研究将得到深度发掘。古代沉船和水下文物，是研究中国古代水利史、交通史、船舶发展史等的重要资料。

船货考古也是不可忽视的领域，通过船载货物、钱币和船上属具等遗存的研究，探讨外销或舶来物品的物质文化史、经济史及船上社会学等一系列社会经济文化史领域。例如通州潞城杨坨村西南、运河西岸发现的9节沉船，船内有烟袋、口红、小铜镜、钱币、铜簪等，推断此船为随漕妓船，也就是花船，约是清光绪十三年（1887）白河（北运河）决口沉没的。

漕运码头的功能分布、建造工艺、转运职能及转运规模等，是漕运史研究的重要资料。

（三）提供文物保护工作的决策依据

水下遗产的普查、登记情况为建设工程、水务工程、河道整治、园林绿化等工作提供非常重要的文物保护基础信息，也为工程项目的实施提供参照。如兴建人民大会堂等"十大建筑"时，为排除地下隐患，侯仁之先生主持完成有关北京地下埋藏古河道分布研究，将东、西长安街至前三门地区的地下湮废河道复原。

大运河水下遗产的保护利用，为大运河文化带建设提供基础资料。北京市"十三五"规划纲要提出："推进区域文化遗产连片、成线保护利用。挖掘区域文化遗产整体价值，制定实施北部长城文化带、东部运河文化带、西部西山文化带保护利用规划。"研究运河建造与使用的历史过程，可以充分挖掘北京的历史文脉，推进大运河文化带的研究、阐释和利用。

丰富的水下文化遗产，如河道、堤坝、船闸、码头、仓储设施、驿站、庙宇、碑刻等，增添了北京文物保护、利用的内涵，使对"水"遗址的认识成为可能，为制定水下遗产保护、监控、管理政策提供技术支撑。建立北京水下遗产数据库，加强信息化建设。水下考古的成果可以整合水下文物资源，进行预防性保护。

四、如何开展水下考古工作

水下考古不同于传统的陆地考古，自身有其独立的资料、理论、方法、技术。

（一）资料整合是基础

资料主要以水下的文化遗存为主，并包含了相关的古代环境、古代生活的全部信息。现有的资料多是各区的零星发现，且对遗迹和遗物的关系链重视不够。因此首先要整合已知的资料，打破区域分割的局限，从流域、水系的角度进行归纳；更要积极获取未知资料。

（二）理论研究要加强

理论是对于水下遗存规律性的认识和发展动力的总结，是研究认识的总结，反过来也指导具体的研究工作。经过对资料的逐级分析，总会得到一些具有规律性的认识。例如不同时期内水遗存的特点及原因，水下遗存分布的规律，运河文化带形成的动力和作用，包括政治行为、贸易活动、军事意识、宗教信仰等对水下遗存的作用等。这其中的每一个方面都值得探讨。

（三）研究方法是关键

1. 夯实基础调查

现有调查资料较为薄弱。一是调查主体多是船工、渔民、潜水员、村民等当地居民，考古专业人员进行的调查几乎没有；二是调查方式以走查、采集为主，勘测或试掘等考古工作很少；三是调查客体较为零散，缺乏系统化、整体化的梳理和归纳。而根据其他地区的经验，水下遗存的分布多较为分散，没有相对密集的区域。因此，当务之急是变以往"被动式"的点状调查为"主动式"的区域系统调查，弄清北京水下遗存的分布规律。

首先，在开展水下考古调查之前先开展系统的陆地调查，这是前提条件。陆地调查覆盖的村镇要全面、系统，调查的对象尽量详细、具体。其次，在陆地调查的基础上，结合已有的水下调查材料确定相对具体的水域调查范围，开展水下考古区域系统调查。大体步骤是：在划定的调查范围内，以已知的水下文化遗存或线索为中心，用多种物探设备对该水域进行全覆盖式扫测；结合水底地形地貌对扫测的图像进行综合分析与研判，确定可疑点位置；最后再组织水下考古队员进行水下探摸确认。

开展水下考古区域调查，既要注重横向对比，也要重视纵向研究。横向对比指通过了解同一时期某水域沉船或其他文化遗存分布的规律，进而研究其形成的原因。纵向研究指通过了解不同时期水下文化遗存的分布，进一步探讨不同时期水上交通路线、堤坝码头的变化及其原因等。因此，水下考古区域调查获取的信息不仅体现在发现水下文化遗存的数量上，更重要的是能够让研究者探索漕运变迁、贸易史、古水利史的动态变化过程。

开展水下考古区域调查，还要注意水下遗存与自然环境之间的关系。以往的零星发现主要集中在单个水下文化遗存，很少涉及与其他水下文化遗存的关系，尤其对与自然环境之间的关系也缺乏科学分析。解决这一问题，单纯依靠水下考古这一门学科是不够的，还必须结合水利、航运、生物、气候、地质等多种学科进行综合研究。随着科学技术的进步，水下物探设备会不断更新换代，水下考古区域系统调查的理论与方法也会与时俱进。

最后，运用文字、影像、测绘等多种方式，全面、详细记录调查水域内的遗迹、遗物分布情况，并建立档案资料，最终建立水下文物数据库，为日后的水下文物保护工作提供依据，这是资料保证。

2. 重视文献查询

水域历史文献的收集及整理工作极为重要，但目前较为薄弱，一定程度上影响了北京地区水下考古的深入进行。

文献查询的范围包括官方的地方史、交通志、航运记录、水事档案、漕运交通史和民间流传的航路图、故事传说和民俗风情等。要加大文献查询、搜集力度，并进行分类归纳，同时特别注意与陆地调查相结合，力求做到文献记载与实地走访调查相互印证，以确保搜寻查证到有效的信息线索。

3. 地层学不能忽略

由于水下土色变化难以观察，以及沙土沉积物在水流作用下趋于平衡，大多数学者认为水下考古可不考虑地层关系。但实际上，有些保存较好的水下遗存有可能存在叠压关系：单一船体可能存在不同时期的堆积，形成不同的堆积单位；沿用时间较长的水下遗址也可能存在重要的地层关系，一些繁忙或事故频发的航道，完全有可能多艘沉船沉没于同一个地点，形成多个水下遗存单位相互叠压的地层关系；一些航道、码头内，由于历代水下活动形成的"水下垃圾"堆积，形成多地层叠压的关系[12]。同时注意一些倒扣的沉船可能会在船体内部形成倒装地层。

因此，不论是围堰的浅水发掘还是水下的深水发掘都不能忽视地层学，相反，由于其难以分辨，更要精心区分不同性质的堆积关系。发掘中，两种埋藏环境的发掘需要区别对待：如果是淤泥中的遗存，需要依次进行围堰、建导流渠、清土、井点、布方、清理等；如果是水下的遗存，需要依次进行定位、建立基线、布方、表面采集与勘测、抽泥等。

4. 类型学归纳和文化因素分析不可少

水下考古不是为打捞而打捞，对出土文物的类型学研究是必不可少的工作环节。由于水下遗存也有地域、时代的差别，在这一过程中，要对遗迹进行观察、分类、统计、记录、归纳等工作。

通过考察水下遗迹和遗物的形态变化过程，找出其演变规律，确定遗存的文化性质，分析其反映的生产和生活状况以及社会关系、精神活动等。同时力争分析出考古学遗存内部所包含的不同文化因素的组成情况，以认识其文化属性，确定它在考古学文化谱系中的位置。

（四）水下技术要提高

从考古学的角度看，水下考古的技术可分为人员技术与设备技术两方面。

人员技术是指从事水下考古的队员必须具备潜水技术，还要具备更为专业的考古技术——除陆地考古的技术外，还应具备在水下实际操作探方、进行测量绘图、拍照摄像等能力。少数水下考古队员还应当有独立驾驶舟船、快艇等船舶的执照。

设备技术是指水下考古所用的各类物探设备，包括多波束水下声呐、浅地层剖面仪、旁侧声呐、短基线系统、水下机器人（ROV）、水下地形声学探测技术、水下监控指挥系统、水下照相和摄像技术、潜水器、强光探照等。这些设备吊挂在船舷上，探头下放至水中，在船只行进的同时就可以实时对水底结构有较为清楚的认识与全面的分析，并呈现水底地形三维成像图，便于在大范围内广泛探测、发现水下文物遗存。如果是淤积成陆的淤泥，探地雷达需要广泛应用。

设备技术对水下考古的成功往往起着至关重要的作用，但再先进的设备也有一定的局限性，如多波束声呐设备和旁侧声呐无法发现埋藏于河（湖）床（道）下面的文化遗存；浅地层剖面仪虽然可以发现埋藏于河（湖）床（道）下面的文化遗存，但受扫测位置和分辨率的影响较大；磁力仪对金属物质反应比较敏感，但对其他材质的遗物则反应不够灵敏等。同时这些设备的参数设置、图像解析都需要很强的专业分析研判能力和大量的科学实践。

因此，设备的使用要针对不同的埋藏环境和不同的调查目的，这样才能充分发挥其作用，得到最好的效果，大大提高工作效率。

（五）人员后勤需保障

人的因素是第一位的，要培养能够胜任北京水下考古的专业人员。

水下考古对人员的综合技能要求较高，不仅要求对各类设备能够掌握，也能进行潜水实践。要对传统田野考古发掘工具精通；同时对全球定位仪、实时差分全球定位系统、三维扫描仪等新型考古设备能够掌握和运用；最重要的是对水下物探调查、发掘的设备和软件进行安装、调试和操作。

物的因素是第二位的。

水下考古所需的设备与工具不仅种类多、操作复杂，而且价格昂贵。仅常用的物探设备就有多波束声呐、旁侧声呐、浅地层剖面仪、磁力仪等，还有相应配套的电脑、实时差分全球定位系统等。水下探摸还需要整套的潜水装备。

水下作业的供气设备包括气瓶和水面管供，一般工作中两种都要准备。发掘设备主要是抽泥沙机，将覆盖在遗址和遗物上的泥沙抽走，适用于水下遗址为沙底或泥底的情况。同时，工作船与工作平台也是必不可少的。工作船可以是运输船、渔船，也可以是游船、客船等。根据不同的水况和条件，合理使用不同形式的工作船。用于放置仪器、设备、潜水器具等，也可作为参与人员的工作、活动场地，同时也为潜水员出入水提供方便。

场地的因素是第三位的。

水下考古专门设备及沉船、皇木、铁锚等出土物体积都较大，对温湿度有要求，需要很大的空间和一定条件的库房存放，而现有的普通文物库房都无法满足。水下的大量瓷片等文物需要场地整理及研究，重点是建设北京水下文物标本库。更重要的是，建设北京水下考古基地可以打破以前分区而治的局面、整合现有的研究资料，深化研究成果；也是集中研究、展示北京水下文化遗产的场所。

水下考古涉及的交通运输工具、后勤保障、应急医疗等方面也十分重要，要有必要的保证。

（六）多家合作有必要

由于对技术要求甚高甚广，科技手段伴随着水下考古的全过程，在研究中的多学科合作十分必要。

水下考古要运用古生物、气候、地质、环境等多种学科进行综合研究，开展地质、水文、化学、生物、历史等学科综合环境现状调查和保护管理技术研究工作。

树木年代学对查明木船木材的年代很重要，它还可以提供附加信息：出产这种木材的地域（包括造船地点）、以后有否重修等。

河道、湖底类遗迹要注意河湖相堆积中的淤积层，这是了解环境变迁的重要资料。桥、闸等建筑标示河道的方位，是历史地理、水利史、建筑史研究的重要资料。如房山南岗洼明代石桥，推断建成后不久就被淤积淹没，证实了当年永定河屡次泛滥成灾的事实，是了解永定河河道变迁的极佳资料。

水下文物由于在水下存放时间较长，饱水度较高，一旦脱离了原环境，反倒容易引发各种问题。水中的文物出水后需要脱水，还要考虑到光照、压力等方面的因素。因此，都需要第一时间的现场保护和专门的文物保护专家介入。有条件的话，还要设立文物流动医院。工作过程中，还需要测绘专家、桥梁专家、水利专家等参与其中。

水下考古属于文物保护范畴，但在水下考古的过程中，文物部门要与水务、园林、交通等部门合作，以期顺利开展工作。

（七）方案规划要周密

要根据北京水下遗存的特点组织充分的论证，制定具体可行的水下考古方案和长远齐备的水下遗产保护规划。

水下考古受天气、水温、水流、能见度、季节等外界因素以及经费、时间的制约较大，因此工作时间与效率易受外界影响。所需人员、设备与交通运输等工具较多，经费支出也远远超过陆地考古。因此，在开展水下考古前应当制订详细周密的计划和方案，选择适合开展工作的季节，合理安排工作时间，提高经费的使用效率。

（八）展示宣传要重视

水下考古的宣传展示是水下遗产保护的重要组成部分，在科研工作的基础上最大限度地保护、留存与还原沉船及其周围环境的真实历史，对展示和利用水下遗产至关重要。加强宣传展示可以促进公众对水下遗产保护的参与度，讲好"水下故事""北京水故事"，让水下文物活化历史，积极推进文物的合理利用，从而反过来有助于水下遗产保护的开展。

水下考古应注意原状展示。对发掘后的原有规模和形式重视，让观众直观地感受历史信息和文化内涵。

水下考古的展示应注意虚拟展示。利用三维动画等软件或文物古迹的模型展示，可以克服其展示性不强的弱点。

水下考古的展示应注意非物质文化遗产展示。如民间文学、船工号子、音乐舞蹈、民俗、民间信仰、饮食文化等，往往与水下遗产有一定的衍生关系，也是大众所喜闻乐见的。

---

① 苏秉琦：《中国文明起源新探》，生活·读书·新知三联书店，1999年。

② 北京市文物工作队：《北京地震考古》，文物出版社，1984年。

③ 周昆叔：《北京环境考古》，《第四纪研究》1989年第1期。

④ 高梁河上游大体无变动，下游在今左安门外经十里河而南，尚有故道可寻，河床宽40余米。见侯仁之：《北京都市发展过程中的水源问题》，《北京城的生命印记》，三联书店，2009年。

⑤ 岳升阳：《昆明湖中的瓮山泊西堤遗址》，《北京文物与考古》（第三辑），1992年。

⑥ 北京市文物研究所、北京市东城区文化委员会：《北京玉河：2007年度考古发掘报告》，科学出版社，2008年。

⑦ 周良：《通州漕运》，《北京文物与考古》（第五辑），北京燕山出版社，2002年。

⑧ 元大都考古队：《元大都的勘查与发掘》，《考古》1972年第1期。

⑨ 岳升阳：《双榆树古渠遗址与车箱渠》，《北京文物与考古》（第四辑），1994年。

⑩ 北京市通州区文化委员会等：《通州文物志》，文化艺术出版社，2006年。

⑪《北京市发现古船》，《中国考古学年鉴（1989）》，文物出版社，1990年。

⑫ 张威：《海洋考古学》，科学出版社，2007年。

（作者单位：北京市文物研究所）

（上接第52页）

⑨⑰ 张广文：《清代宫廷仿古玉器》，《故宫博物院院刊》1990年第2期。

⑩ 中国国家博物馆：《中国国家博物馆馆藏文物研究丛书·玉器卷》，上海古籍出版社，2001年，第293页。

⑪ 常素霞：《中国玉器发展史》，科学出版社，2009年，第355页。

⑫ 郭福祥：《乾隆与清代印制》，《紫禁城》1992年第1期。

⑬ 郭福祥：《乾隆与清代御宝制度》，《人民日报（海外版）》，2010年6月11日第15版。

⑭ 何桯凭：《用神灵崇拜构建的清代玉文化——试论长沙市博物馆藏清代玉器特征》，《文物鉴定与鉴赏》2015年第2期。

⑮ 扬之水：《三清茶与三清茶瓯》，《紫禁城》2005年第6期。

⑯ 尤仁德：《古代玉器通论》，紫禁城出版社，2001年，第304页。

⑱ 尤仁德：《古代玉器通论》，紫禁城出版社，2001年，第305页。

⑲ 丁乙：《西域来风 清代的痕都斯坦玉器》，《上海工艺美术》2004年第2期。

（作者单位：中国国家博物馆）

诗情画意话悲鸿

——徐悲鸿诗歌艺术浅谈

高小龙

在世人心中,画家、美术教育家、中国现代美术奠基人等,一直是徐悲鸿身份的标签和主要注解。但若总览其流传于世的艺术作品,徐悲鸿的艺术成就远远不仅限于书画艺术这一美术范畴。徐悲鸿的文学艺术创作,体裁多样、造诣高深、别开生面、成果丰硕。徐悲鸿文学创作中以诗歌为最,借景抒情、托物言志、家国情怀……或恬淡浪漫、或激昂豪迈、或幽默风趣……可谓气象万千。据笔者初步统计,其一生创作诗歌约127首(不含散文诗),其中题于自己画作之上74首、题写在友人画作上7首、题写在收藏的古代画作上7首[1]。

徐悲鸿一生中,在开展绘画艺术创作的同时,一直未停止过诗歌艺术创作。从诗歌中不仅可以看到他的喜怒哀乐,体验到他炽热不羁的情感,沐浴到他思想的光芒,还可更深切地感受到一个伟大而高贵的灵魂。通过其诗歌,可以透视到一个立体而真实的徐悲鸿,一个敞开胸怀、拥抱世间万物的徐悲鸿。梳理、考量徐悲鸿诗歌艺术,探究其创作缘由、艺术风格等,为全面立体地认识徐悲鸿,传播其精神,不无裨益。笔者在此不揣谫陋,撰此拙文,以期方家指教。

一、沿流溯源——徐悲鸿诗歌创作探源

徐悲鸿之所以成为诗词大家,除了其本人的艺术天赋之外,还缘于其成长历程、生活环境、交友对象等因素。

徐悲鸿生长于江苏省宜兴市。这里"清气充盈,磅礴郁积,其气钟赋于他,使他具有特殊的天赋"[2]。近现代时期文化艺术大家辈出:钱松岩、吴大羽、蒋南翔、顾景舟、尹瘦石、吴冠中……

徐悲鸿少时的家依河而建,青砖灰瓦、简朴小巧、清雅幽静。1905年,十岁的徐悲鸿曾写过一首题为《溧阳即景》的小诗:"春水绿弥漫,青山秀色含;一帆风信好,舟过万重峦。"这首诗表达了他对故乡的感情。秀美的江南风光,为徐悲鸿性格中的多情浪漫、艺术上的灵动卓越,提供了最初的给养。

徐悲鸿先生的父亲徐达章,既是一位"温然而和,观察精细,会心造物"的画家,也是一位"守宋儒严范,取去不苟,性情恬淡,不慕功名,肆忘于山水之间,宴如也,耽咏吟"的典型中国传统文人。在耳濡目染和严格的基础教育之下,徐悲鸿夯实了自己的文学艺术根基和文化修养。"九岁既毕四子书,及《诗》《书》《易》《礼》,乃及《左传》"[3]。徐达章先生曾作《课子图》并题诗记录了少年徐悲鸿的学习状况。

徐悲鸿在诗歌艺术学习研修方面是较为幸运的。19岁父亲去世后他去大城市闯荡,几年时间内与多位诗词大家成为知己好友,包括康有为、廉泉、陈师曾、樊樊山、林纾等。陈师曾的父亲是被誉为"中

国最后一位传统诗人"的陈三立先生,徐悲鸿曾书录其诗为其画像。

留学回国后,徐悲鸿与田汉、郭沫若等诗人也成为终身挚友。徐悲鸿1926年在法国创作的油画《箫声》上还有一位后来成为法国院士的诗人保尔·瓦莱里的题诗,这也说明他那时同样与一些法国文学家有较深入的接触交往。1939至1940年间,他应印度诗人泰戈尔之邀赴印度讲学办展,二人长时期朝夕相处、畅谈艺术。另外,他的许多艺术界、书画界朋友,也是与他一样继承了中国传统文人的特点,诗、书、画集于一身。他与友人书信往来时,也常常是以诗言情传意。郭沫若、田汉都曾做诗赞扬徐悲鸿。

从上述这些经历来看,徐悲鸿在25岁留学法国前,对中国古代诗歌艺术已有了很深的积淀,其后又有幸与一些文化大家频繁交往,助推了他诗歌创作水平的提高和创作热情。

二、腹有诗书气自华——扎实的根基

徐悲鸿在中国传统诗歌的学习研修上,根基十分扎实,从他的艺术创作中可以管窥一斑。《风雨鸡鸣》《山鬼》《六骏图》《八骏图》是徐悲鸿绘画作品中的经典之作,而其创作灵感和取材均源于诗经《国风·郑风·风雨》、屈原的《九歌·山鬼》、汉乐府《郊庙歌辞》之刘彻《天马歌》、杜甫的《秦州杂诗二十首》中第五首等古代诗歌。

国画《风雨鸡鸣》创于1937年的桂林。当时虽然国家遭到侵略、国土沦丧、国运风雨飘摇,可他那时结识了心中的"君子"——李宗仁、白崇禧等抗日爱国将领。画中,一只雄鸡立于石上,在霏霏淫雨中昂首高鸣。绘画把诗经《国风·郑风·风雨》中"风雨如晦,鸡鸣不已。既见君子,云胡不喜"的意境、徐悲鸿个人的情感全部融合在一起表现出来。此画的成功,首先得益于徐悲鸿对诗经《国风·郑风·风雨》的深刻领悟。

1943年徐悲鸿带学生在四川青城山实习期间,依据屈原《九歌》中的两首诗《国殇》《山鬼》创作了两幅同名巨作。其中画作《山鬼》不仅表现出了屈原诗作中巫山女神的形象——女神骑于猛豹之上、身裹兽皮、头戴花冠、面带愁容、目光凝视远方山林,山鬼内心的苦闷、忧愁、渴望被表现得淋漓尽致。通过绘画表现屈原《山鬼》"留灵修兮憺忘归,岁既晏兮孰华予?""风飒飒兮木萧萧,思公子兮徒离忧"的诗意,此画可谓两千年以来惟精惟一。另外值得一提的是,徐悲鸿1935年曾做《橘颂图》(又名《满堂吉庆》),画面为硕果累累的橘树,他在画的右下方敬录了屈原《橘颂》全诗。151字的诗文全部是工工整整的魏碑体,由此也可看出他对屈原诗歌的偏爱。

汉武帝刘彻和唐代诗人杜甫曾分别做长诗《天马徕》《秦州杂诗》,赞美疆场上奋勇无敌的战马,诗歌的气势也都气吞山河!《六骏图》《八骏图》是徐悲鸿诸多骏马图中的经典之作,两幅画作不仅题写了刘彻和杜甫的诗作,更是将诗中骏马的形象和诗人的心境、诗歌的气势同时呈现于画中。画中群马奔腾、马首高昂、马蹄高举、鬃毛乍起、马尾飞扬。画中似有狂风呼啸,画中之马似欲脱缰而出。如果没有对诗歌深刻的理解,乃至是与诗人一样的感同身受,就是有再高超的绘画技法,也难出此精品。除了绘画,徐悲鸿的书法作品中也有大量是敬录古今诗歌的。

徐悲鸿不仅学习、借鉴过中国古代诗歌,而且对中国古代诗歌艺术有自己的见解。1944年,他在《张大千与敦煌壁画》中写道:"故诗歌绘画雕刻之兴衰,实一民族兴衰之全貌,无丝毫假借者也。"[④]1947年在《当代中国艺术问题》中提出:"比如诵诗,不读三百篇、古诗十九首与曹子建、陶渊明、谢灵运、李白、杜甫之作,而偏去哼五言八韵的试帖诗，这不是土，还有什么更贴切的形容词呢。"⑤

对于诗人与画家的关系，徐悲鸿在《论中国画》一文中也明确阐述道："吾唐代中兴绘画者，为阎立本、吴道子、李思训、王维、郑虔等人。""故在当时，皆诗人而兼具工匠之长者也。画家固不必工于诗，但以诗人之资，精研绘画，必感觉敏锐，韵趣隽永，而不陷于庸俗，可断言也"⑥。在徐悲鸿的这些论述中，不仅列出了他推崇的古今中外诗人、普通人如何欣赏学习诗歌，而且把诗歌绘画等艺术的兴衰与民族的存亡联系在一起，诗人与画家不可分割的关系也明确阐释。于诗歌艺术，他已研习到一个极高程度。

三、立体而真实——从诗歌看徐悲鸿

诗歌从来都是最真实地表达情感、思想、志向的文学艺术形式。从诗歌中，可以认识一个鲜活立体的、绘画和美术教育之外的徐悲鸿：可以感受到他失恋时的苦闷——"荒寒剩有台城路，水月双清万古情""剥莲认识中心苦，独自沈沈味苦心""绝色俄顷成一梦，应当海市蜃楼看"；感受到他收藏到古代真迹时的喜悦——"得见神仙一面难，况与侣伴尽情看"；感受到他对传统文化的珍爱——"相如能任连城璧，负此须眉愧此身"；感受到他对艺术家超越国界、民族的狭隘界线的尊重——"莫耐毕沙罗光彩，启秘东亚亦有人"⑦；他对异国外乡文化与艺术的博大胸怀——"最爱盈盈东逝水，清名让与恒河沙"；他对山河破碎的悲愤——"想到双星聚会时，兆民数载泣流离"；对绘画艺术的衷爱——"无端落入画家眼，便有千秋不朽情"；对国家、民族未来的希冀——"山河百战归民主，铲尽崎岖大道平"……诗歌如同一面镜子，照出了徐悲鸿的喜怒哀乐，反射出从其绘画中看不到的姿态。

（一）幽默豁达、矢志不移的性格

徐悲鸿作为一位饱经坎坷与忧患、心怀天下的伟大艺术家，其性格是十分丰富复杂而又不断变化的，他浪漫多愁、热情奔放，又"独持偏见，一意孤行"……而从徐悲鸿诗歌中，可以发现他性格中最突出的两个特点：幽默豁达、矢志不移。

徐悲鸿一生可谓饱经苦难。而他能战胜苦难取得人生辉煌，除了他的坚毅和才华，很重要的一点就是性格中的幽默、豁达。而他性格中幽默、豁达的特点，只能从他的诗歌中发现。据笔者统计，明显反映他性格幽默一面的诗歌至少有16首，并且几乎贯穿生命的始终。这些诗中有自嘲的、有反映他创作和生活的，也有反映他旅途所观所见的异国风情的。

中国古今画家、诗人大多以猪为丑，极少涉猎。而徐悲鸿不但画猪，还写诗歌咏。1932年，徐悲鸿画《墨猪》并题诗："少小也曾锥刺股，不图白手走江湖；乞灵无着张皇甚，沐浴熏香画墨猪。"1944年徐悲鸿再次画猪并题诗："白云覆青山，镜观竟自闲。有人好食肉，喂猪于其间。"在第二首诗中，他一反传统旧式文人观赏山景作诗之道，不写云山雾绕、溪水潺潺，而把目光聚焦在农家饲养的猪身上。年近50岁的徐悲鸿，仍如此"顽皮"，充满童趣！可谁能想到，此时徐悲鸿的生活仍处于节衣缩食的苦境之中。

古人常以"河东狮吼"形容不讲道理的泼妇。而徐悲鸿的《题雄狮》一诗，则认为此乃千古奇冤："平生好写狮，爱其性和易。亦曾观憨笑，亦曾亲芳泽。亦曾闻怨啼，亦曾观舞跃。所以河东吼，实千古艳谵。冒以猛兽名，奇冤真不白。"用诗赞狮本已出奇，又用诗为狮翻案，奇上加趣，确属"独持偏见，一意孤行"。也多亏了这种"偏见""孤行"，才产生了艺术奇葩！

1942年，徐悲鸿在战火中颠沛流离于云南各地，夏季时作画《竹与笋》并题诗："笋已是清品，瘦竹品更高。愧我写竹者，贫食竹之苗。"在诗人的自嘲中，可以感受他在苦难面前内心的豁达与无畏！而这些苦难又是他为坚持抗战捐钱捐画自找的，实乃人生的最高境界！

观徐悲鸿诗歌可见，其性格中除幽默豁达外，还有一明显特点就是矢志不渝。观徐悲鸿诗词，其志向主要表现在两个方面，一是在艺术创作上"一洗万古凡马空"，一是致力于救国救民，致力于国家的强大兴盛。

1924年徐悲鸿曾在题《人体习作》一诗写道："不虑墨尽意不足，勒住残毫添空阔；千载已死杜少陵，请任长笔一端白。"此时，30岁的徐悲鸿携夫人蒋碧薇在法国留学，常借钱度日，可他仍在艺术创作上豪情万丈，要超越古人。

"健翮可恃横九州，天空海阔肆遨游。南溟何远搏将去，毋事依依侧目愁。"此诗于1932年题于徐悲鸿的《鹰石》图上。当时他正积极筹备赴欧洲的画展。通过此诗，可感受到他心中誓作雄鹰遨游九州的志向，以及不为世间俗事羁绊的定力。

在徐悲鸿百余首诗歌中，最能表现其矢志不移的性格、最具说服力的，还是他于1936年所作的《题〈自写〉》一诗："乱石依流水，幽兰香作威；遥看群动息，伫立待奔雷。"他坚信乱石阻挡不了流水，只要如深山中的幽兰花一般的保持操守和定力，必有"奔雷"出现。

徐悲鸿以画奔马闻名于世，他笔下的奔马如同其自身的写照，而在他多幅奔马图中都题有一诗，其中有一幅还特别在画中题写了"静文贤妻存之"，说明他对此画的珍爱。画中之诗表达了他坚守信念誓死不渝的精神："伏枥宁终古，穷追破寂寥。风尘动广漠，霜草识秋高。定溯河源住，冯夷会见招。微能奔走耳，未死未辞劳。"他坚守的信念，既包括艺术，也包括爱国。

世人中多有为实现心中之志，一生筚路蓝缕"上下求索"，也有多人因壮志难

酬而弃世。徐悲鸿能既心有远志矢志不渝而又遇艰难仍豁达从容，何因？徐悲鸿多幅《竹石》图中都题写的一首自创小诗可以诠释："一卷石，数片竹。无他求，志已足。"诗人的豁达源于其对名利与物欲的淡泊，其志在公不在私、在艺不在欲。

（二）重情重义、古道热肠的人格

徐悲鸿有13首诗歌是写给友人的，从这些诗歌中可以看到他对朋友肝胆相照、古道热肠。在徐悲鸿的朋友中，以艺术家、鉴赏收藏家为主，徐悲鸿有大量诗歌是表达对朋友的赞扬和鼓励。1918年，他初次观看梅兰芳演出，就绘画题诗《题天女散花》相赠。黄震之是徐悲鸿人生路上的恩人，徐悲鸿不仅多次为他画像，还题诗赞叹："赢得身安心康泰，矍铄精神日益强。我奉先生居后辈，谈笑竟日无倦意，为人忠谋古所稀！"

从古至今，中国文化艺术界的一些人身上确实存在着同行相轻的习气。但是，徐悲鸿一生中始终热于赞扬同行、提携后人。他帮助同行、后人的方法之一就是在他们的画上题诗加以赞誉，目前有诗可查的就包括：张大千、马万里、黄君璧、陈宗瑞、卢开祥、赵昂、李桦等。

张大千、齐白石都是近现代画界巨擘，也是徐悲鸿的好朋友。徐悲鸿不仅曾帮助他们举办展览、出版画册，也曾写诗赞誉："其画若冰雪，其髯独森严。横笔行天下，奇哉张大千。"

齐白石与徐悲鸿的忘年之交是近现代画坛的一段佳话，而若细读徐悲鸿写给齐白石信中的诗歌，更可感受到他们情义的真诚和深厚。当思念老友盼望相见时他写道："车轮舟楫遍难借，愿送昆仑喜马来。"据陈恒安先生回忆，徐悲鸿作过《画中十友诗》，"以齐白石领头，其次陈半丁，接着便是吴湖帆、张书旂、傅抱石、谢稚柳等名画家"[8]。

（三）关心民生、热爱祖国的品格

中国古代画家大多隐居山林不问红尘之事，力求超凡脱俗。与之相比，在人

生观上徐悲鸿是叛逆的。徐悲鸿更如同中国古代许多鸿儒、诗人一样，有着炽烈的爱国主义情怀。他热爱脚下的土地、关爱最底层贫苦的人民，担忧民族的命运，始终以投身报国为己任。他的思想境界还超出了中国古代士大夫的投身报国的思想。在西方留学游历九年的徐悲鸿，接受和具备了西方现代社会的公民意识，他将自己的命运与国家民族的命运紧紧地捆绑在一起。抗战期间，徐悲鸿为了给前线的战士筹款，曾赴多个国家和地区做展销义卖书画。他在给家人的信中写道："将自己所能贡献国家，尽国民的义务。"⑨

"他在自己作品中由衷地表现出'天下兴亡，匹夫有责'的使命感与'救彼苍生起'的悲天悯人情怀。"且不说，徐悲鸿有大量的诗歌是描写祖国的美景河山，从故乡宜兴到边陲喜马拉雅，祖国的一山一河一草一木，放牛的牧童、策马的蒙古姑娘，都成为他诗歌赞美的对象、爱国情感的寄托；仅看在徐悲鸿的诗歌中直接表达其爱国思想的，也有12首之多。1919年，他写了《词二首》，在词前序言中就坦言："国人奋起击贼，有死者，吾居海外，只能悲歌一掬同情之泪。"诗歌内容也是直抒胸臆："今日乎，空间尽处是吾敌，众贼频起来不息，吾有双臂并两拳，当公道者尽格杀，黄帝吾祖乎，吾为汝裔勿羞戚。"1927年，他写了《革命歌》四章，赞扬孙中山领导的旧民主主义革命。

1943年，他寄居于重庆磐溪的友人家，贫困潦倒，但仍心忧国是。他在为友人"体元"所作《八骏图》中题诗："披发何时下大荒，河山举目共凄凉。百年多少登高泪，每到西风洒几行。"1949年中华人民共和国成立时，他的欣喜之情也呈现于诗中："百战山河归民主，铲尽崎岖大道平。"

除了直抒胸臆高呼呐喊，诗词技法如绘画技法一样高超的徐悲鸿，也有一些诗歌借物借景，通过托物言志、象征隐喻等艺术手法，表达了他的爱国情怀。1931年，徐悲鸿创作国画《群牛》并在画中题诗："满眼平芜绿，穿径新禾香。耕牛赖雨顺，举室游相将。"他在此诗的题记中写道："忽忽三月，秋亦垂尽，而东北又起倭寇之警，中原骚然，危亡益亟，意兴都无，复虑幻象目失，欲振笔追记之。呜呼，泰平岂容希冀，倘索诸吾指端者，聊可力致耳，终恨画饼之不能充饥也。"1931年秋末，正是"九一八"事变之时。

1940年，他创作国画《灿若朝霞》，画面为盛开的木棉花，并题诗："灿若朝霞色，高与青天齐。孰具英雄气，棉玉偿可师。"木棉花生长在当时仍坚持抗战的广西地区，徐悲鸿正是借木棉而赞扬抗战将士誓死报国的英雄气概、一片丹心。

在前文中，笔者曾谈到徐悲鸿重情重义、古道热肠。但是，徐悲鸿从未把个人情感凌驾于国家民族大义之上。抗战时期其作家好友盛成投笔从戎，徐悲鸿与其离别时赋《送成中兄南去》一诗相赠："壮哉君此去，沉霾待廓清。匹夫肩其任，造势易天心。十九路军真帝子，神威神勇荡妖氛。春申江上鲜红血，万岁中华复国魂。"诗中没有离别的儿女情长，有的只是为国赴命的慷慨激昂。

四、诗如其画——徐悲鸿诗歌艺术特点

徐悲鸿诗歌，如同其画作，作品丰硕，紧扣时代，特色鲜明。

（一）现实主义的风格

作为画家的徐悲鸿，其艺术风格是十分鲜明的。虽然种类和数量很多，但是，现实主义应该是其绘画的最基本的特征。诗如其画，总览徐悲鸿诗歌作品，现实主义也始终是一条主线。

徐悲鸿是一个国家民族责任感极强的艺术家，一生中虽也有过"芳草得来且自饱，更须何计慰平生"的淡泊超脱之心。但是，观其人生轨迹和艺术创作，忧国忧

民的情怀与行动仍是其人生的主线。这也揭示出：现实主义是其诗歌风格的必然选择。

(二)悲而不凄的风骨

在徐悲鸿的诗歌中，有近20首的情感基调是忧伤、悲壮的。其中有为国家命运担忧的，有对百姓"哀其不幸、怒其不争的"，有为自己怀才不遇而苦闷的，还有为爱情受挫折而难过的。但是，这些诗歌虽有悲伤之情，却无绝望哀怨之态，更多的是悲壮和呐喊。即使是痛彻心扉的相思，也可化作温情的祝福。

1919年"五四运动"爆发，远在瑞士洛桑的徐悲鸿写词两首以示支持："国人奋起击贼，有死者，吾居海外，只能悲歌一掬同情之泪，成词二首。"他在诗中呼吁："丕显美功恃后继，不征不战何所待，旷观大地谁有为，旋乾转坤中国事，百年悔懈怠，誓从中华民国八年五月起。"

1926年，徐悲鸿在其《男人体》画上题诗："后天困厄坚吾愿，贫病技荒力不从；仗汝毛锥颖锐利，千年来视此哀鸿。"从诗中可见其学艺和生活之艰辛，也同时可感受他的自信和坚韧。

五、研究、宣传徐悲鸿诗歌的意义

开展徐悲鸿诗歌的研究和宣传，是一件十分有意义而又紧迫的工作，尤其是对于徐悲鸿纪念馆。

(一)有利于进一步探究和弘扬"悲鸿精神"

徐悲鸿留给后人的不仅是艺术作品，更为珍贵的是中华文化艺术的一支根基——悲鸿精神。这种精神包括了："人不可有傲气，但不可无傲骨"的挺起脊梁做人的精神；"古法之佳者守之，垂绝者继之……"的对传统和外来文化勇于继承、吸收、改良的创新精神；"穷造物之情者，恒得真之美；探人生之究竟者，则能及乎真之善"这种在人生和艺术上求真求善的精神；以及在他思想信念中最核心的爱国主义精神。悲鸿精神在其许多诗歌中都得到充分体现，并具有艺术感染力。生活艰苦时，他"清芬肯与寒窗守"；他的人生理想是"健翮可恃横九州，天空海阔肆遨游"。看艰辛的民众他想到的是"盘中粒粒皆辛苦，辛苦还添血汗熬"；他希望政府"善政倘能分配好，丰饶足食十方人"。他曾怒斥军阀混战："袁冯曹张一邱貉，识得廉耻半分无"；他曾呼唤民众"正义昭昭悬中天，黄帝灵兮实凭式""大旗所向敌尽摧，王师莅止毒瘴开"。对于绘画的意义，他认为"无端落入画家眼，便有千秋不朽情"；他对自己一生的要求："伏枥宁终古，穷追破寂寥""微能奔走耳，未死未辞劳"。

收集、整理、研究徐悲鸿诗歌，尤其是馆藏书画作品上徐悲鸿题写的诗歌，并像许多纪念馆已经做过的那样，出版图书、制作宣传品和文创产品，融入日常讲解中、媒体和网络的宣传中，是弘扬悲鸿精神、让文物"活"起来的一条新的必由之路。

(二)有利于进一步确立徐悲鸿和徐悲鸿纪念馆的地位

虽然徐悲鸿诗歌创作的艺术成就和社会意义在近现代的画家中近乎绝无仅有或是数一数二，但是，对其诗歌艺术的研究和传播，则远远少于其他画家。表一是笔者对出版物现状的统计。

这些出版物，绝大部分是博物馆、纪念馆负责或参与完成的。如何保持和确立徐悲鸿纪念馆的地位，研究水平无疑是最有说服力的。从多个角度和视野对艺术大家进行研究、解读，已成为一种趋势。2017年，梅兰芳纪念馆召开研讨会并出版了《另一个梅兰芳：梅兰芳绘画与表演艺术文集》。徐悲鸿纪念馆建馆几十年来，举办过数十项展览、出版过近十种图书。但是，在徐悲鸿诗歌艺术研究方面较为单薄。加强徐悲鸿诗歌研究，进而全方位地

表一 近现代画家诗集出版情况统计表

序号	书籍名称	出版单位	出版时间
1	《沈尹默诗集》	书目文献出版社	1983
2	《邓散木诗选》	百花文艺出版社	1983
3	《潘天寿诗存》	浙江美术学院出版社	1991
4	《溥心畲先生诗文集》	"国立"故宫博物院（台湾）	1993
5	《潘天寿诗存校注》	中国美术学院出版社	1997
6	《张大千诗词集》	花城出版社	1998
7	《高剑父诗文初编》	广东高等教育出版社	1999
8	《高二适诗存》	黄山书社	2001
9	《于右任诗词选》	河南人民出版社	2007
10	《齐白石诗集》	广西师范大学出版社	2009
11	《丰子恺诗词选》	齐鲁书社	2010

开展研究传播工作，是确立徐悲鸿和徐悲鸿纪念馆地位的可行办法。

(三)有利于进一步确定绘画的价值

"诗画本一律，天工与清新。"中国自古就有诗引入画的传统。画中之诗，丰富、提升了绘画的思想感情和寓意，使绘画的意境更加深远。深入研究、阐释画中之诗，无疑会提高绘画本身的文物价值和在观众心中的地位。徐悲鸿的许多题画诗，是画之魂、画之睛，深入发掘其中诗情画意，必会进一步提高其绘画价值。

徐悲鸿的画中之诗还有重要的文献价值。通过一些画中之诗，可以知道他绘画的目的、时间、地点、心情、相关的事件等。如1944年他的《题梅》："清芬肯与寒窗守，迁客常为兴怨嗟；万古巴山一恨事，月明从不照梅花。"从诗中可知他是在重庆画此梅图，自己的生活境地也如梅花一样"寒窗守"。针对徐悲鸿题画诗的研究，可以了解画面背后的故事。

徐悲鸿的诗歌，记录了他的人生轨迹，从中可以窥视到他的情感、思想，乃至灵魂——始终为国家和民族燃烧着的灵魂。研究、传播徐悲鸿诗歌艺术，是向这一高贵而伟大的灵魂致敬、保其精神薪火相传的重要途径。

---

① 本文所作统计，来自王震主编：《徐悲鸿艺术文集》，以及徐悲鸿纪念馆所藏徐悲鸿书画作品。

② 陈传席：《艺术巨匠：徐悲鸿》，河北教育出版社，2014年，第5页。

③ 《悲鸿自述》，见王震主编：《徐悲鸿艺术文集》，上海书画出版社，2005年，第31页。

④ 《张大千与敦煌壁画》，见王震主编：《徐悲鸿艺术文集》，上海书画出版社，2005年，第124页。

⑤ 《当前中国之艺术问题》，见王震主编：《徐悲鸿艺术文集》，上海书画出版社，2005年，第140页。

⑥ 《论中国画》，见王震主编：《徐悲鸿艺术文集》，上海书画出版社，2005年，第89页。

⑦ 《诗挽矢畸千代二》，见王震主编：《徐悲鸿艺术文集》，上海书画出版社，2005年，第144页。莫耐毕沙罗，指法国画家莫奈，西班牙画家毕加索，"东亚亦有人"指日本画家矢畸千代二。

⑧ 徐悲鸿纪念馆：《美的呼唤：纪念徐悲鸿诞辰100周年》，中国和平出版社，1995年，172页。

⑨ 《致伯阳、丽丽爱儿》，见王震主编《徐悲鸿艺术文集》，上海书画出版社，2005年，第190页。

(作者单位：徐悲鸿纪念馆)

人物纪念馆的定位与功能刍议

——以徐悲鸿纪念馆馆藏资源为基础的认识与研究

李 晴

在我国的博物馆分类中，人物纪念馆因其纪念对象的专业成就和社会贡献，而在博物馆业务工作中呈现出各自馆的特点，但他们在社会功能和定位上，拥有很大的共同性。近年来，全国博物馆事业飞速发展，从场馆设备设施到服务观众和科学研究的软实力都有提高。在徐悲鸿纪念馆新馆开馆筹备过程中，笔者有幸参与了相关工作，在对馆藏资源逐步了解认识的基础上，为开展好开馆后的公共服务，最大限度地发挥现代化新建博物馆的社会功能，对人物纪念馆的定位与功能进行了思考研究。

一、徐悲鸿纪念馆概况

1954年，徐悲鸿纪念馆在位于北京市东城区东受禄街16号的徐悲鸿故居基础上建立，是新中国第一座美术家个人纪念馆，由周恩来总理亲自书写"悲鸿故居"匾额，收藏了徐悲鸿先生去世后，夫人廖静文女士遵照他的遗愿，捐赠给国家的徐悲鸿作品1200余件、他收藏的历代书画1100余件及大批珍贵的美术资料、图片。1964年，因修建地铁工程，纪念馆随故居一起被拆除。1983年，徐悲鸿纪念馆在北京市西城区新街口北大街53号重建后，再次对社会开放，由郭沫若题写"徐悲鸿纪念馆"匾额。2010年，为弘扬徐悲鸿爱国主义精神和艺术成就，徐悲鸿纪念馆闭馆并在原址改扩建。新建成的纪念馆总建筑面积10885平方米，展陈区面积4163平方米，新馆建设中还增加了信息化服务、文物修复室、同声报告厅等现代化博物馆的设备设施。

纪念馆藏品资源分为三类：

第一，徐悲鸿各个时期的绘画和书法作品，包括《田横五百士》《傒我后》《愚公移山》《巴人汲水》《世界和平大会》等代表作品。

第二，徐悲鸿收藏作品，如《八十七神仙卷》（唐）[①]、《朱云折槛图》（宋）、《罗汉》（宋），以及包括王振鹏、文徵明、任伯年、郑板桥、齐白石等历代著名书画家作品在内的珍贵书画作品，以及徐悲鸿购置于法国、印度、苏联等国家的美术作品。

第三，其他藏品，包括徐悲鸿生前多方购买的美术画片、图书资料、碑拓珍迹，还有徐悲鸿遗物，共计万余件。

二、名人（故居）纪念馆的功能与定位

人物纪念馆是见证、传承名人历史信息的重要载体，人物纪念馆与其他类型博物馆最大的不同在于"人"，它所展示和传承的不仅是与纪念对象相关的馆藏文物及展品所具有的历史、文化、科学和社会价值，还有我们要追忆、缅怀所纪念对象的生平经历、重要业绩和所体现或代表的优秀的民族精神。它纪念的是过去，服务

的是当下和未来。如今，完成改扩建的徐悲鸿纪念馆，以现代化的博物馆硬件设施为基础，以资源丰富的馆藏徐悲鸿先生毕生作品、收藏品为载体，可以尝试实现多方面的公共服务功能。

1. 永久保存馆藏文物及其他藏品，开展书画等纸质文物的预防性保护

藏品的永续保存是包括人物纪念馆在内的一切博物馆的基本功能。无论是国际通行的《博物馆职业道德》，还是具有法律效力的《中华人民共和国文物保护法》，以及国家、地方和行业性的文物保护条例、规章，都无一例外地涉及博物馆的保管功能，并从不同的角度、层面对博物馆保管文物提出要求。博物馆保管文物的功能，不仅包括一般的藏品安全的概念，随着技术的进步，还包含藏品的数据及预防性保护、修复等方面的内容。如，《博物馆职业道德》中"藏品的永续保存"条目提出：制定切实可行的政策，基于现有的知识和资源，保证其收藏品（永久的和临时的）及相关信息得到妥善记录，要满足当代使用要求，并能以完好、安全和可利用的状态传之后世。

人物纪念馆，作为系统记录和纪念相关名人的博物馆，应尽可能保存好与所纪念人物直接和间接相关的所有物品，包括其作品、收藏品和其他相关物质。尽管被纪念的对象属于不同时代，但是一方面人物纪念馆中有文物藏品的近现代人物纪念馆居多；另一方面人物纪念馆中不是所有的藏品都是文物，特别是定级文物。即便如此，从做好人物纪念馆长远工作的角度，要对所有可移动、不可移动藏品进行详细的登记、保管和预防性保护。"名人故居是见证名人成长、生活的场所，是保护传承名人历史信息的载体，更是一座城市乃至整个国家历史文化的组成部分"[2]。"对名人遗留的字迹、名人使用过的设施设备等与名人有关的历史信息应完整保存"[3]。徐悲鸿纪念馆的藏品，包括历代书画作品、图书资料、徐悲鸿生前使用的物品等，都凝聚着徐悲鸿先生的经历与感情，由纪念馆前任馆长廖静文先生捐赠并倾力经营，对国家投入巨资保护的藏品的登记、保护和长期保存是徐悲鸿纪念馆的首要功能。

其中，对于占藏品绝大多数的纸本文物的预防性保护也是徐悲鸿纪念馆今后注重实现的一项重要功能。纸本文物受温湿度、保存空间、保存方式、装裱、修复、地理甚至海拔等客观环境影响巨大，目前无论是学术界的理论研究还是专业博物馆、收藏机构的实际情况，都没有对纸质文物的寿命形成相对一致的观点。馆藏文物合理展示和使用的功能实现的前提，是最安全的保存和修复处理。在徐悲鸿纪念馆重建过程中，建立了修复室，购买了专业扫描设备，在此基础上，通过专业人才引进和与国内博物馆专业团队合作交流，未来的徐悲鸿纪念馆，应具备书、画等纸质文物预防性保护、修复的能力，并将长期目标定位为区域性的纸质文物预防性保护研究中心、专业修复机构和基地之一。

2. 帮助观众欣赏、理解文化遗产

陈列展览是博物馆的主要功能之一。新建成的徐悲鸿纪念馆有三个常设展厅和一个临时展厅，配有恒温恒湿的展柜。通过三个常设展厅的陈列、临时展厅的展览和不断送出去、引进来的展览，徐悲鸿纪念馆应具备为观众提供欣赏和理解美术相关知识和艺术史、了解和认识徐悲鸿爱国主义精神和刻苦钻研的品格及其无私的培养人才与乐于助人的时代精神的功能；同时，通过编辑出版展览图录、画册及制作复（仿）制品，开发从馆藏品中提取核心元素的文创产品等方式，让艺术作品以更广泛的形式走到观众中，让徐悲鸿的精神以更多样的方式影响观众。特别是对广大青少年观众，青少年时期是人生观、世界观、价值观形成的重要时期，发现生活中的美，观察生活中的美，描述生活中的美，从而热爱生活，是我们进行美学教育最重要的目的，是我们传承文化的实质所

在。

3. 领衔所纪念人物专业领域的学术研究

"文物的征集、整理、保护是博物馆发展的基本，围绕馆藏文物展开的学术研究则是博物馆可持续发展的保证"[④]。与国家级综合博物馆、省市地域标志性博物馆及一些专题性强的博物馆相比，在很长一段时间内，人物纪念馆的学术研究是相对薄弱的，这不仅与一些纪念馆所纪念对象的学术成绩和专业领域的贡献不匹配，也不利于博物馆业务工作的长期可持续发展。因此，掌握纪念对象一手资料的人物纪念馆要具备学术研究的功能，要领衔对所纪念对象和馆藏资源进行研究，成为行业翘楚。对人物纪念馆相关题材的研究，可以从两方面入手：

（1）人物和藏品研究

人物和藏品研究，就是对纪念馆所纪念的对象和馆藏文物、藏品进行研究。通常情况下，名人纪念馆的藏品与所纪念对象存在紧密的关联性，包括对纪念对象的人物生平、人物精神、人物成长及作品创作的时代背景、人物学术地位和贡献、同时代作品的比较研究、文化传承关系、藏品来源、藏品保护等方面的研究。同时，纪念馆还应该关注各类研究机构对馆藏资源研究，定期检索、梳理社会各界的相关研究成果，与本馆研究一起整理，为科研成果的利用进行基础性工作，探索定期召开学术研讨会、论坛的可能，提供相关研究者交流碰撞的机会和平台，建立紧密的联系网络甚至长期合作机制，必将极大地推动名人纪念馆的学术水平和科研人才队伍建设。例如：梅兰芳纪念馆每年在纪念馆所在地——梅兰芳故居的小院子里组织召开相关学术研讨会，2017年10月24日，"梅兰芳与传统文化学术研讨会"召开，20位学界知名专家学者围绕主题开展深入研讨交流，汇集出版了《梅兰芳与传统文化》论文集，推动和拓展梅兰芳研究的思路与角度。又如，隶属于中国社会科学院的郭沫若纪念馆，多年来一直致力于名人故居纪念馆合作的探索和研究，从2000年联合向社会推出"20世纪文化名人"系列文化活动开始，经过18年的努力，已经将文化活动打造成涵盖国内外展览、旅游、讲座、采访、第二课堂、文化创意、座谈、研讨和论文集出版等各个方面的内容。近年来，每年都会出版一本包括各馆工作人员科研成果的论文集，为八家到"8+"的合作活动进行记录和研讨，积极探索名人故居纪念馆事业的发展。

（2）对纪念馆和博物馆的研究

人物纪念馆相对于博物馆专业的高校、研究机构，虽然不具备博物馆学研究的优势，但掌握了博物馆运行的实际经验，和面对公众服务的一手数据和案例。在人物纪念馆开展的科研工作中，除了上述对藏品的研究，还应注重对陈列、教育、观众的研究，以及对项目管理、开放安全等涉及博物馆各方面工作的研究，这些研究都将为推动人物纪念馆长期可持续发展提供经验和依据。

4. 公益性公共服务

（1）信息检索，为满足观众主动学习而提供藏品信息，并配备信息检索系统的功能

博物馆宣传教育的公共服务，除了以展览、讲解等单项输出的方式由纪念馆传达给观众，还应该营造终身学习的学习空间，为观众主动提供资料、信息，实现双向的互动式服务模式。名人纪念馆作为收藏、展示、宣传所纪念对象的主题博物馆，掌握着相关人物或作品最系统和专业的藏品和信息，也应该对相关专业进行最系统全面的研究。这些藏品信息和研究成果，除了作为展览、宣教、开发文创产品的基础，还应该在保护相关权益的前提下，与观众共享，帮助更广泛人员的欣赏和研究。"博物馆藏品应根据可采纳的专业标准进行记录，藏品记录应包括每件物品的全部识别信息和状态描述、附件、出处、保存状态、处理措施和现在存放位

置。这些信息应存放在安全环境中，并配备信息检索系统，以方便博物馆专业工作人员和其他合法使用者查询使用"[5]。

以徐悲鸿纪念馆为例，如前所述，纪念馆馆藏文物丰富、系统，藏品众多，资源丰富，由于改扩建工程，未能进行第一次可移动文物普查。作为国家斥资修整、建设、配备人力物力资源的公立博物馆，应在补充进行可移动文物普查的工作中，按照相关法律、条例、规范的标准完成藏品记录，用于服务博物馆、美术、教育专业人士和公众合法查询使用的功能。

在"互联网+"时代，专业、准确的藏品信息和便利的检索工具，不仅为观众和专业人士提供有效的公共服务，也同时扩大了博物馆的传播力和影响力。

（2）发挥书画名人纪念馆的美育功能

除了日常展览、活动，有条件的人物纪念馆可以根据自身特点开设相关的基础性专业培训，以达到培养兴趣、愉悦观众身心、丰富群众文化生活的功能目的。以徐悲鸿纪念馆为例，历史上曾经与中央美院合作开设美术培训班，培养了大批美术兴趣爱好者和专业人才。如今，社会上的各类美术培训机构颇受公众欢迎，特别是在家长望子成龙的心态下，受到对孩子全方位培养的家长们的追捧，但是一方面各类艺术培训机构的水平参差不齐，另一方面，对于大多数学习者来说，艺术的培养关键不在于成为艺术家，在于对性情和爱好的培养。如今，设施条件更为优越的徐悲鸿纪念馆新馆，本身具有一定数量的专业人才，在不以盈利为目的、而是为公众服务的前提下，可以通过协调馆内外专业人才，进行基础性的美术培训，开展艺术领域相关系列的讲座，传播客观、科学和专业的艺术相关专业的知识和技能，提高观众特别是青少年发现美、感受美的能力，培养公众健康美好的生活情趣，愉悦身心。通过此类学习，有更深入学习要求的培训对象，可以再进入更专业的培训机构、学校。

（3）参与社区建设

绝大多数人物纪念馆是以名人故居或工作和相关事件发生的地点为载体建立的，坐落在一定的社区范围内。如前所述，这些纪念对象是在历史上做出过重大贡献、在某些领域产生过较大影响、具有较高知名度的人物。我们纪念他们，主要在于他们的"精神"和他们在专业领域的"成绩""贡献"。因此，不仅他们是弘扬爱国主义精神的最好典型，而且他们在相关领域的钻研和执着、取得的成绩和对社会的贡献，始终是与社会主义核心价值观相一致的。名人纪念馆通过在馆内和社区举办展览，通过形成系列的、紧跟时代主题的文化活动，构建一个或几个社区的精神家园，是服务社区建设的重要方式，对于弘扬爱国主义精神、宣传社会主义核心价值观具有重要意义。同时，纪念馆在搭建社区文化建设和科学知识传播的平台、凝聚力量、促进社区居民交往等方面都具有突出的优势，可以发挥积极的作用。

（4）鉴定服务

徐悲鸿纪念馆作为全国收藏徐悲鸿作品数量最多的专业收藏单位，应该是对徐悲鸿作品研究最为专业的机构，过去，徐悲鸿纪念馆曾为观众提供过鉴定服务，今后在深入研究人物、藏品和必要的专业知识的基础上，经过有计划的人才培养的实践锻炼，徐悲鸿纪念馆应该具备徐悲鸿画作鉴定的功能，为社会公众提供服务。

5. 弘扬优秀传统文化，传承爱国主义精神，服务社会主义核心价值观建设

社会宣传与教育是博物馆另一项最基本的功能，随着对博物馆学研究的深入和博物馆事业的发展，社会宣传与教育在当今博物馆以多样化的形式开展起来。人物纪念馆的建立，不仅在于宣传他们专业领域的学术造诣和成绩，更重要的是宣传他们对于国家、民族和历史发展的重要贡献，以及他们在不同领域体现出相同的爱

国精神。

徐悲鸿先生对于国家和人民的热爱，贯穿于他求学、工作、教书育人的始终，贯穿于他众多的艺术作品中。在他不同时期的作品中，爱国是不变的主题，很多作品和收藏品背后，有着动人的爱国故事。

譬如1918年，申请赴法留学的徐悲鸿在北京等待"一战"结束期间，应邀为《国民》杂志设计封面，他设计了以祖国大好河山为背景、一位身着学生装的大学生在深思的封面，意为知识分子的忧国忧民。求学期间，他在瑞士得知"五四运动"的消息，随即做诗表达对运动的支持⑥。学成归国后，1928年创作《蔡公时济南被难图》，开始创作《田横五百士》，1930年起草《中国美术会宣言》，1931年在《中央日报》发表《誓死以抗强暴 再来肃清国贼》，创作表现劳动人民疾苦的《佳人》。1937年创作《风雨鸡鸣》，意在国家于危急的形势中，以雄鸡挺拔啼鸣代表不惧危险、敢于抗争的民族精神。抗战期间，他的爱国精神表现得更为实际，1938年，徐悲鸿支持和鼓励吴作人等青年美术教师去战区画战争题材的作品反映抗战实况，用以教育后代；1940年，创作鼓舞全国人民团结一心、艰苦奋斗以求最终取得抗战胜利的《愚公移山》；1942年，创作表达抗战必胜决心的《会师东京》；1943年，创作《征马》并题字"水草行处寻常有，相期效死得长征"，表达爱国忧时的思想；同年，为鼓励抗战激情和纪念上海"一·二八"淞沪会战阵亡将士，创作《国殇》。

此外，他多次举办义卖画展，将画展所得捐给国家。1938年，在重庆发起慰问抗日将士义卖画展。1939年，以多件作品参加中国文艺社在重庆社交会堂主办的募款劳军美展。1939年至1941年，徐悲鸿在新加坡、马来西亚多地举办抗战筹赈画展，得到新加坡、马来西亚社会的关注和当地华人的大力支持，展览、售画等所得45万元余⑦全部捐献国家抚养阵亡将士遗孤、救济难民所用，正如他自己在新加坡展览会场以质朴的语言对记者表达了他的想法一样，"抗战一年多来忧国忧民，心绪纷乱，作品减少，希望能凭借画笔，为国家抗战尽责任"⑧。筹赈画展之外，还以在当地报刊发表文章、在学校演讲等方式，吸引当地社会支持中国抗战，例如，他在新加坡《星洲日报》发表《半年来之工作感想》，字里行间充满着爱国之情和对前方将士的崇敬⑨；又如，他在新加坡静方女校发表的标题为"我们的广西"演讲中，鼓励学生"常常注重组织，奉公守法，节约自己的生活，以呈现给国家。尤其是在国难严重到这个地步的时候，每个人都应该用实际行动来报效祖国，使国家渡过这个难关"⑩。

被视为徐悲鸿纪念馆镇馆之宝的《八十七神仙卷》，描绘了八十七位神仙在祥云缭绕中列队行进的场景。画卷经过千余年流传，于清末民初期间流落民间。徐悲鸿认为此画卷创作于晚唐时期，1937年，他在香港以重金从一个德国人手中赎回，亲自为画卷命名并盖上"悲鸿生命"的印章。然而，1942年在日军的空袭中，画卷在云南被盗，徐悲鸿寝食难安，日夜担心画卷再次流落到海外，1944年，几经辗转，再次以重金将其购回。1953年，当徐悲鸿先生在中央美术学院院长的任上不幸早逝后，夫人廖静文先生及家人将《八十七神仙卷》及他的作品和其他收藏品，无偿捐献给国家，这种为文化的保护、传承和公共利益而奉献的精神和行动，同样值得进行宣传与弘扬。

发掘文物背后的故事，弘扬文物背后的精神，与党的十九大报告提出的满足人民对于美好生活的向往这一目标相契合，无论在过去、现在还是未来，都是值得传承和弘扬的。这些作品背后丰富的主题故事和创作背景，需要社会教育和宣传部门更详细深入地讲出来。人物纪念馆的业务工作，要具备弘扬优秀传统文化，传承爱国精神，启迪、涵养、支撑社会主义核心价值观建设的功能。

基于对馆藏资源和功能的分析，笔者认为徐悲鸿纪念馆的定位可以是：成为全国徐悲鸿艺术作品收藏、保管、展示、研究、宣传、教育和国际交流的中心，传承徐悲鸿爱国主义精神与事迹的爱国主义教育基地，以展示徐悲鸿艺术作品为主体，并开展中外艺术教育与艺术普及的博物馆。

三、结语

建立纪念馆的重要目的是把一些对国家有意义和有价值的人文资源保存好，服务于当下的社会和人文思想，在我国政治体制改革不断深入和经济建设飞速发展中，文化要与之协调发展是社会发展的必然要求，相关人物纪念馆的建设是文化协调发展的一个重要组成部分。

重新开放后，徐悲鸿纪念馆还需要经过一段时间的摸索实践，以更好地保护好馆藏文物，深入挖掘馆藏资源服务社会。明确纪念馆定位，确定发展规划和目标，把握发展规律，对于纪念馆长期可持续发展大有裨益。

① 《八十七神仙卷》，水墨白描绢本，纵30厘米，横292厘米，无款。

②③ 耿坤：《名人故居认定、保护与利用的若干思考——以重庆市为例》，《中国文化遗产》2017年第3期。

④ 李浩：《略论上海市名人故居纪念馆的藏品与研究》，《中国博物馆协会名人故居专业委员会2016年年会论文集》，第229页。

⑤ 《国际博物馆协会博物馆职业道德》，第2.20"藏品记录"，2004年国际博物馆协会第21次全体大会修订版。

⑥ 王震编著：《徐悲鸿年谱长编》，上海画报出版社，2006年，第32页。

⑦ 王震编著：《徐悲鸿年谱长编》，上海画报出版社，2006年，第236页。

⑧ 王震编著：《徐悲鸿年谱长编》，上海画报出版社，2006年，第203、206、232、235、236页。

⑨ 王震编著：《徐悲鸿年谱长编》，上海画报出版社，2006年，第212页。

⑩ 王震编著：《徐悲鸿年谱长编》，上海画报出版社，2006年，第207页。

（作者单位：徐悲鸿纪念馆）

悲鸿生命

——徐悲鸿的中国画收藏及收藏观

杜永梅

在我国美术事业的发展进程中,徐悲鸿必定是需要浓墨重彩进行书写的。他所提倡的中国画改良与油画的中国化问题,至今仍是中国美术发展进程中两个最重要的问题。而他的美术教育思想,奠定了中国写实主义美术教学体系的基础,影响了20世纪以来中国美术教育的发展方向。

徐悲鸿不仅致力于美术创作及美术教育,同时,以高瞻远瞩之眼光,收藏历代名画名作,以为将来建设国家美术馆之用。其藏品之精、之丰,堪称中国近现代美术史上最重要的收藏之一。他曾经在填写相关登记表时,专长一栏里就写着"能辨别美术作品的优劣",而他自认重要的收藏,则会钤印"悲鸿生命"图章,以示珍重。

对于徐悲鸿藏品的研究,仍多集中于中国画收藏,其中又以对《八十七神仙卷》的论述最为集中。

从总体上对徐悲鸿藏品进行梳理并做出综合评述的有徐庆平《一生心血 百世奇珍》、周积寅《徐悲鸿中国画收藏观》两篇。徐文对《八十七神仙卷》《朱云折槛图》《罗汉像》《梅妃写真图》《右军书扇图》有详细介绍,同时按收藏品的时代顺序,择要介绍了其他收藏[①]。周文则首先辨析了徐悲鸿所提倡的"写实主义",乃是在中国优秀绘画传统"写实主义"的基础上,采入"欧洲的写实主义"长处融合而成的徐悲鸿"写实主义",他的收藏也正是在其"现实主义"原则下展开的。同时,论及了徐悲鸿收藏中出于对作品"完备性"的追求,对于所藏作品的增、补、改等情况[②]。其余如张帮俊的《倾注悲鸿生命的〈八十七神仙卷〉》[③]、窦忠如的《徐悲鸿与一幅古画的悲欢离合》[④]、杨益群的《徐悲鸿七箱藏画遗落广西之谜》[⑤]、董三军的《目光如炬 独树一帜——徐悲鸿书画鉴藏往事》[⑥]等,多着意于《八十七神仙卷》的收藏过程。对于《八十七神仙卷》这一作品本身的研究,仍然集中在画作时代及艺术成就上。其中以李凇《论〈八十七神仙卷〉与〈朝元仙仗图〉之原位》一文论述最为集中。该文从《八十七神仙卷》与《朝元仙仗图》时代、作者、相互关系、艺术质量等基本属性入手,认为《八十七神仙卷》既不是唐画也不是临摹自《朝元仙仗图》,而是作于北宋初期,其艺术品质要高于现存《朝元仙仗图》。而《朝元仙仗图》不是北宋内府收藏的那件武宗元原作,应作于南宋初期,作者可能是翟汝文[⑦]。

一、徐悲鸿"中国画改良"主张与徐悲鸿收藏

徐悲鸿提出"中国画改良"主张,一方面提倡学习西方的写实主义,一方面强调中国画优秀传统,以复兴中国艺术。"欲振中国之艺术,必须重倡吾中国美术之古典之主义,如尊宋人尚繁密平等,画材不专上山水;欲救目前之弊,必采欧洲

之写实主义,如荷兰人体物之精,法国库尔贝、米勒、勒班习、德国莱柏尔等构境之雅"⑧。"吾个人对于目前中国艺术之颓败,觉非力倡写实主义不为功。吾中国他日新派之成立,必赖吾国固有之古典主义,如画则尚意境,精勾勒等技"。在这一主张下,他力倡写实主义艺术,改良中国画,振兴日渐式微的人物画,开创现代意义的大型历史画创作先河。同时,致力于东西方艺术的交流,将素描、油画这些西方画种及其画法引进、推广到中国,并多次将中国艺术创作带出国门。

通观徐悲鸿的中国画收藏序列,不难看出,他的收藏理念与他改良中国画的观念以及他本人的艺术创作实践是一致的,即师法造化,掌握人物、花鸟动物后,方可写山水。

> 我所谓中国艺术之复兴,乃完全回到自然,师法造化,采取世界共同法则,以人为主题,要以人的活动为艺术中心,舍弃中国文人画独尊山水的荒谬思想,山水非不可学,但要学会人物花鸟动物以后,如我国古人王维,样样精通,然后来写山水。⑨

无独有偶,他在论述到当世收藏时,也指出各类收藏家"重山水,轻花鸟"的风气:

> 吾国绘事,首重人物。及元四家起,好言士气,尊文人画,推山水为第一位,而降花鸟于画之末。不知吾国美术,在世界最大贡献,为花鸟也。一般收藏家,俱致山水,故四王恽吴,近至戴醇士,其画之见重于人,过于徐熙、黄筌。夫山水作家,如范中立、米元章辈,信有极诣,高人一等,非谓凡为山水,即高品也。独不见酒肉和尚之溷迹丛林乎?坐令宋元杰构,为人攘去,而味同嚼蜡毫无感觉。一般人造自来山水,反珍若拱璧,好恶颠倒,美丑易位,耳食之弊如此。⑩

为了进一步阐发徐悲鸿的收藏观念,我们有必要将他收藏的作品作对应考察,以期获得明确认识。

二、"师造物"——徐悲鸿写实主义的中国画收藏观

徐悲鸿的收藏观念与他的美术创作理念、美术教育思想是一脉相承的,即"师造物","绘画的老师应当不是范本而是实物。画家应该画自己最爱好又最熟悉的东西,不能拿别人的眼睛来替代自己的眼睛⑪。"他本人的艺术创作无疑正是遵从了"师造物"的原则,奔马、懒猫、雄狮、麻雀、松柏、山水、人物,立足于精准的观察,扎根于坚实的素描基础,无一笔无出处,然后能从心所欲。

徐悲鸿的收藏,首重也是那些精心观察造物的作品。翻检其收藏,清代画家任伯年的作品不在少数,足见徐悲鸿对于任伯年的推崇。1926年春,他在上海参观任伯年画展时说:"徐熙、黄筌没有他那样神韵生动;八大、青藤没有他那样形象逼真。他算是画史上艺术表现技法形神兼备、雅俗共赏的杰出画家。"1950年撰《任伯年评传》又说:"伯年因得致力陈老莲遗法,实宋以后中国画之正宗,得浙派传统,精心观察造物,终得青出于蓝。古今真能作写意画者,必推伯年为极致。伯年于画人像、人物、山水、花鸟,工写、粗写,莫不高妙。吾故定之为仇十洲以后中国画家第一人,殆非过言也。"不难看出,徐悲鸿之所以大量收藏任伯年作品,正是因为任氏"精心观察造物",师法自然而有独创。

有关任伯年作品的收藏过程,徐悲鸿曾在《西施浣纱》一幅的题记中有过说明:

> 吴君仲熊之祖酷爱伯年,无继,配伯年先生之女雨华,伯年既卒,遗稿皆入吴家。及仲熊与余相善,知余笃嗜,遂尽举以赠,因俱在其夙习两岁精品之外,而又不胜其装置也。中多未竟之作,趣味良深,如举玉按璞,念其所自。此幅写西施轻微雅逸,前无古人。仲熊信予,岂悌君子,吾心感为何如耶?

"笃嗜"二字，成就了徐悲鸿与任伯年作品的缘分，也可说任氏作品觅得了真正赏识之人。在徐悲鸿收录的任伯年作品中，确有多幅未竟之作，如《老树》一幅，徐悲鸿作题记如下：

> 伯年先生遗作，虽未竟，而精彩已焕，诚可宝也。

另有《人物》一幅，应为任伯年画稿，人物身上尚有"色骨""淡""白"等字样，正如徐悲鸿所言，这样的未竟之作，或者画稿，正可按图索骥，就技法学习、研究角度而言，可能比成品更有意义。

中国画虽以意境表达见长，但回顾中国画史，"传神""写真""写像"的提法在相关画论中屡见不鲜，对于"师法自然"的重视，是一以贯之的。

徐悲鸿所推重的现实主义，既有西方素描、油画画法中坚实的造型能力，光线变化与色彩运用的协调能力，也继承了中国绘画传统中通过墨线流动摹形造物、实现意境表达的概括能力。纵观他的收藏，人物画"重人之活动"，在花鸟画为世界第一的观念指导下，其花鸟画收藏至为宏富，所藏山水画则必得有"欲与造化齐观"的气派。

1. "重人之活动"——徐悲鸿所藏人物画

人物画的创作是徐悲鸿改良中国画过程中着意最多的，也最为集中地体现了他"采欧洲之写实主义"以改良中国画的主张。徐悲鸿赴法留学八年，精心研习素描、油画，掌握了扎实的欧洲学院派写实主义绘画技法及观察方式。以欧洲绘画于人体及人物活动的精到描绘做参照，徐悲鸿指出："而吾国绘画上于此最感缺憾者，乃在画面上不见'人之活动'是也。"

> 我只求绘画中人身体上那几个部门活动。吾所期于"人之活动"者，乃欲见第一第二肌肉活动及筋与骨之活动，管他安置在英雄身上或豪杰身上，舟子农夫也固好，便职业强盗亦好，因为靠着那几根骨头，那几根筋之活动，吾人方有饭可吃，有酒可饮，有生可乐，而有国可立，这种活动，在画面上，宽大衣袖，吊儿郎当之高人，是不参加的。⑫

在徐悲鸿的收藏中，我们可以看到几幅堪称人物画瑰宝的作品。它们是唐画《八十七神仙卷》，宋画《朱云折槛图》《罗汉像》，明画《梅妃写真图》《右军书扇图》。以上作品，正是遵从了"见人之活动"这一精神，八十七神仙行进中的肃穆与飘逸、朱云折槛的激愤、右军书扇的潇洒，都让人一见倾心。

1950年，徐悲鸿买到一幅人物画《朱云折槛图》，自作题记中认为必为宋人佳作：

> 此幅曾入多种著录，实是北宋人华贵手迹。故宫藏另一本，章法全同，但逊其高古之趣。此幅不知何时何故致画中直断，将槛柱损坏。迨1950年入吾手，乃为之重装移正，并属黄君懋忱补笔。就画而言，诚为中国艺术品中一奇，其朱云与力士挣扎部分，神情动态之妙，举吾国古今任何高手之任何画幅，俱难与之并论，此不待著录考证，始重其声价也。吾《八十七神仙卷》宣达雍和肃穆韵律，此则传抗争紧张情绪，而此二奇归吾典守，为吾精神之慰藉，自谓深幸已。

与八十七神仙潇洒飘逸之态不同，《朱云折槛图》（图一）表现的是现实生活中激烈矛盾冲突下的人物情态，犹如戏剧高潮时最激烈之场面呈现，诤臣请诛奸佞，反被下令斩首的场面动人心魄。朱云左手自槛间穿出，与右手一道，以上下之姿握紧笏板，仅这一姿态，已足够呈现一代诤臣不诛奸佞誓不罢休之心，更何况二差役拖拽朱云时紧绷的双腿，略倾斜的身姿，因发力而微瞠的双目，更是反衬出朱云挣扎之激烈。汉成帝的骄横则通过一屈一伸之腿、一扶栏一撑于腿上之手、抿紧的双唇、直盯盯的眼神，尽显无遗，无不表现出必诛朱云而后快的杀念。佞臣张

图一 《朱云折槛图》

禹，仅那个洋洋得意的眼神就足够了。神情的刻画可谓入木三分。以构图的奇特、气氛的强烈而论，不愧为中国绘画中浪漫主义的代表。

徐悲鸿曾购到明人画《右军书扇图》。画面人物比例适度，动态逼真，十分传神。他题记曰：

此为中国画中罕见之妙迹，画中人物若姥姥神情之耽心，童子之尽力，反衬出右军气度高华，意态潇洒。不必定是李伯时手笔。自清逸可爱……作者又以健笔易市廛为旷野，以夸张画中主人清兴，特令人难以想像。倘另换一种纵横之笔，其效果何如耳。

与折槛图的激烈场面相比，《右军书扇图》更着意于人物内心世界，书圣王羲之的潇洒从容，将慈祥好义的书圣，老妇的惴惴不安，从画者的笔端溢出。原本喧闹的市集，更换为淡然宁静的山水，人物、情态、情致相得益彰。

1948年夏，悲鸿以极低廉的价格购进一幅霉烂不堪的《罗汉像》，原是一幅宋画。悲鸿题曰：

此定是北宋高手所作，而霉烂已甚，戊子夏日，为吾发见，因得救出。灿然生辉，不减李公麟巨迹，诚生平快意事之一也。三十七年寒冬，悲鸿呵冻题于北平静庐。

该幅《罗汉像》（图二），画中罗汉臂膀裸露，肌肉虬结，长眉阔鼻，双耳垂肩，眉目间神采飞扬。徐悲鸿哲嗣徐庆平认为，该作"堪与米开朗基罗的《摩西》

图二 《罗汉像》

相提并论"⑬。旁侧侍立者眉目低垂，双手合十，具虔诚恭敬之姿。整幅画面于宁静中透射出力量之美。

徐悲鸿曾于1945年作《收藏述略》，对自己的收藏过程有大概描述⑭。文中提及的《照妖镜》与《持梅老人》（《眉寿图》）均为人物画精品。《照妖镜》是徐悲鸿第三次到欧洲的时候，巴黎总领事赵颂南先生所赠，为明人画（图三），画中一士人手持镜照妖，一小孩随其后，画笔精卓，署名为正斋居士，不知何人手迹。

《眉寿图》为清人黄慎所作（图四）。黄慎以擅画人物画著称，笔者认为，该幅作品对徐悲鸿的人物画创作有确切影响。与徐氏所作《李印泉像》（图五）作对比观察，不难发现共通之处：仅以起伏的线条创造体积感，确切表达人体的关节活动。

2. 世界艺术园地特别甜美的果树——花鸟画

在我国传统绘画中，徐悲鸿先生一直认为花鸟画的成就是第一位的，即使到了他所生活的时代，仍然独占鳌头。

可是中国的花鸟画，在世界艺术的园地里还是一株特别甜美的果树，也许因为中国得天独厚，有坚劲而纯洁的梅花，飘逸的兰草，幽秀的水仙，这些在世界上都要算奇花异卉，为他国所无；而又确实能表现中国艺人的独特品性，中国民族的特殊精神。因此中国产生了许多伟大的花鸟画家，如宋徽宗、徐熙、黄筌、黄居寀、崔白、赵昌、滕昌祐等，作品均美丽无匹，直到现在全世界还没有他们的敌手。⑮

徐悲鸿收藏的画作中，花鸟画比例很大，其时代上至宋，年代最为晚近的几幅，是1904年辞世的居廉的作品。时代跨度极大，足见徐悲鸿花鸟画收藏之宏富。翻阅徐悲鸿相关画论，不难发现，他对南唐徐熙的花鸟画评价极高，早在1918年他参观故宫文华殿所藏书画时，就有如下评述："南唐徐熙画《九鹑图》……宜乎冠绝千古，无人抗衡者也。凡鹑之喙、之

图三 《照妖镜》

图四 《眉寿图》

图五 《李印泉像》

图六 《山雉萱花》

目、之羽、之足,逼近真鹓,无少杜撰,而于俯仰、瞩啄、飞翔诸势,尤运匠心,臻乎妙境。"⑯这样的评述可以帮助我们窥见徐悲鸿花鸟画收藏的原则。明人萧益之《山雉萱花》(图六),其弯折的头颈、清晰可数的翎毛、抓紧山石的双足,不也正是"逼近真山雉"吗?

明人吕纪所作花鸟画远承南宋院体风格,并延续了黄筌工整细致的画风及勾勒笔法,多生气奕奕,趣味生动,因此被称为明代花鸟画第一家。吴湖帆曾言:"吕廷振所写花鸟一承宋法,故传世真迹多为绢素工笔,悉藏内府,私家所收绝无仅有。"值得庆幸的是徐悲鸿就收藏了吕纪所做《芦雁》一幅(图七)。该幅精工典丽,情态天然。在景物的具体描绘上,芦苇秆用中锋写之,芦叶有墨色的浓淡变化,枯润有致,富有弹性。芦花用碎笔点成,虚实相间,层次分明。四雁之头或正面上仰,或向后扭升。躯体或直指天空而露出胸腹,或飞向画心,以臀尾示人,均取最棘手难画的角度,出奇制胜。画家若无绝顶功力和对动物结构了若指掌,不敢涉此领域。

清人虚谷被誉为"晚清画苑第一家",工山水、花果、动物、禽鸟,尤其擅长松鼠和金鱼。作品有苍秀之趣,敷色清新,造型生动,落笔冷隽,别具风格。徐悲鸿收藏了虚谷《松》与《枇杷》两幅(图八、图九)。《松》运疏笔焦墨,追求形式美感,而《枇杷》竟能在不泅之扇上现浑圆珠润的效果,真神来之笔。

3."欲与造化齐观"——山水画

当今画坛对于徐悲鸿的批评,多集中

图七 《芦雁》

图八 《松》

图九 《枇杷》

在他对"山水画""文人画"的贬抑上,甚至有人认为,徐悲鸿过度强调"师造化",破坏了传统中国画重意境的传统。仔细研读徐悲鸿相关画论及其收藏,对这样的批评有必要做一澄清。

徐悲鸿所批判的山水画,是"言之无物"的山水画,他所提倡的是山水画与人物画并重。徐悲鸿先生对唐宋山水画极为推崇,他心目中真正的山水画当作如是观,"唐宋人之为山水也,乃欲综合宇宙一切,学弘力富,野心勃勃,欲与造化齐观,故必人物宫室鸟兽草木无施不可者,乃为山水。"

"欲与造化齐观"的唐宋山水画,是经过精研细查,并以学问滋养,最终展现的是将天地玄黄纳入胸中的气派:

也许我们不免艳美欧洲文艺复兴时期的光辉灿烂;可是他们直到十七世纪还极少头等的画家,也没有真正的山水画。而中国在第八世纪就产生了王维。王维的真迹现在已成为绝响,但他的继起者如范宽、荆浩、关仝、郭熙、米芾诸人,现在还留有遗迹,如故宫所藏范宽的一幅山水,所写山景，较之实在的山头不过缩小数十倍，倘没有如椽的大笔，雄伟的魄力，岂能作此伟大画幅！又如米芾的画，烟云幻变，点染自然，无须勾描轮廓，不啻法国近代印象主义的作品。而米芾生在十一世纪，即已有此创见，早于欧洲印象派的产生达几百年，也可以算得奇迹了。⑰

世人论及徐悲鸿的收藏时，多就他与张大千互换收藏一事津津乐道。悲鸿曾将北宋董源的巨幅山水，和张大千交换一幅清代金冬心画的《风雨归舟图》，并作题记如下：

此乃中国古画中奇迹之一。平生所见，若范中立《溪山行旅图》⑱，宋人《雪景》⑲，周东邨《北溟图》⑳，与此幅可谓世界所藏中国山水画中四支柱。

《风雨归舟图》突破文人山水惯常的平远萧散意境，挥写大雨滂沱、水天迷蒙的动人情景，可谓气象万千，缥缈空灵。画中的轮廓线已被风雨浸没，以至融化，代之以奇美异常的笔触。作者通过屈身持伞、缩在船头的人和倾倒的树木茅草，将风雨大作的瞬间表达得淋漓尽致。

题记中提及的山水画"四支柱"之一的《雪景》，徐悲鸿曾经在故宫藏画展上亲见，并有详细评价。这里有必要加以引述，以期构建徐悲鸿心目中山水杰作的模样："此次所陈堪称神品者有两幅，一为第一室之李唐《雪景》，笔法之高古，与气味之浑穆醇厚，诚不世出之杰作，为世界风景画中一奇，试看雪分远近，谈何容易，此不仅观察精微，定要笔墨从心所欲。"㉑

论至此，不难看出，美术界对于徐悲鸿"重山水、轻人物"的评判恐怕并不周全。他心目中所谓"与造化齐观"的山水画，首要是观察入微，做到胸中自有山水，方能从心所欲，而又有创造。米芾就因首创点派画法，而被徐悲鸿称为"第一位印象主义者"，"米芾点法，我认为与近代印象主义理论相合，并不断定前此画家不用点，但因其与技法进步无关，比之举宋词不能说以前遂无长短句"㉒。"若米元章独见黑白两色，泼墨淋漓，尤为世界第一位印象主义大画家，座几鼓瑟湘灵可揣着落，蜃楼海市，境非全虚，自以可贵"㉓。可见，所谓"与造化齐观"，与刻板的对景写生是有天渊之别的，差的是技法的进步，差的是作者的独创精神。

即使是唐宋之后，如能符合"与造化齐观"这一点，也入得徐氏法眼。他曾收藏沈周、文徵明、蓝瑛、李鱓、髡残等人的多幅山水画作。其中髡残山水幅全以干笔皴擦而成。《幽壑烟云图》沉雄苍郁，山势盘旋而上，至重峦叠嶂，更以浅；渲染天空、抒写飘舞之石，不拘一格，真气含蕴，正是广游名山、敏锐记忆的升华。

徐悲鸿的中国画收藏观念与他"改良中国画"的主张是一脉相承的。这一主张背后，是国家内忧外患、积贫积弱的局面，伴随的是整个中国社会现代化的进程。对于东西绘画的评价、取舍、融合，反映的也正是20世纪初中国美术界以自己的方式挽救时局的方略。毋庸置疑，徐悲鸿"改良中国画"的主张以及他百折不回的实践，最终使他成为中国近现代美术发展史上丰碑式的人物。他所提倡的中国画改良与油画的中国化问题，至今仍是中国美术发展进程中两个最重要的问题。而他的美术教育思想，奠定了中国写实主义美术教学体系的基础，影响了20世纪以来中国美术教育的发展方向。而他视作"悲鸿生命"的中国画收藏，以及通过收藏建立国家美术馆的宏愿，也应一并写入中国近现代美术史。

---

① 徐庆平：《一生心血 百世奇珍》，《徐悲鸿藏画选集》序言，天津人民出版社，1991年。

② 周积寅：《徐悲鸿中国画收藏观》，《中国书画》2004年第4期。

③ 张帮俊：《倾注悲鸿生命的〈八十七神仙卷〉》，《当代人》2012年第12期。

④ 窦忠如：《徐悲鸿与一幅古画的悲欢离合》，《中外文摘》2012年第18期。

⑤ 杨益群：《徐悲鸿七箱藏画遗落广西之谜》，《东方收藏》2012年第7期。

⑥ 董三军：《目光如炬 独树一帜——徐悲鸿书画鉴藏往事》，《收藏》2013年第17期。

⑦ 李凇：《论〈八十七神仙卷〉与〈朝元仙仗图〉之原位》，《艺术探索》2007年第3期。

⑧ 徐悲鸿：《美的解剖》，《上海时报》1926年3月19日。

⑨ 徐悲鸿：《世界艺术之没落与中国艺术之复兴》，见王震主编：《徐悲鸿艺术文集》，上海书画出版社，2005年，第137页。

⑩ 徐悲鸿：《因〈骆驼〉而生之感想》，见王震主编：《徐悲鸿艺术文集》，上海书画出版社，2005年，第56页。

⑪ 徐悲鸿：《中国艺术的贡献及其趋向》，见王震主编：《徐悲鸿艺术文集》，上海书画出版社，2005年，第122页。

⑫ 徐悲鸿：《新艺术运动之回顾与前瞻》，见王震主编：《徐悲鸿艺术文集》，上海书画出版社，2005年，第117页。

⑬ 徐庆平：《一生心血 百世收藏》，《徐悲鸿收藏选集》序言，天津人民出版社，1991年。

⑭ 徐悲鸿：《收藏述略》，见王震主编：《徐悲鸿艺术文集》，上海书画出版社，2005年，第125—126页。

⑮ 徐悲鸿：《中国艺术的贡献及其趋向》，见王震主编：《徐悲鸿艺术文集》，上海书画出版社，2005年，第124页。

⑯ 徐悲鸿：《评文华殿所藏书画》，见王震主编：《徐悲鸿艺术文集》，上海书画出版社，2005年，第1页。

⑰ 徐悲鸿：《中国艺术的贡献及其趋向》，见王震主编：《徐悲鸿艺术文集》，上海书画出版社，2005年，第121页。

⑱ 现藏台北故宫博物院。

⑲ 现藏天津博物院。

⑳ 现藏美国纳尔逊埃特金斯美术馆。

㉑ 徐悲鸿：《故宫书画展巡礼》，见王震主编：《徐悲鸿艺术文集》，上海书画出版社，2005年，第120—121页。

㉒ 徐悲鸿：《答杨竹民先生》，见王震主编：《徐悲鸿艺术文集》，上海书画出版社，2005年，第161页。

㉓ 徐悲鸿：《中国美术之精神》，见王震主编：《徐悲鸿艺术文集》，上海书画出版社，2005年，第133页。

（作者单位：徐悲鸿纪念馆）

大美育观与核心素养培育

——徐悲鸿纪念馆青少年教育资源分析

李 瑶

1987年,教育理论家滕纯先生提出了"大美育"的概念。他认为在所有的课程中,在一切的教育教学生活中,都有美育的因素,美育无时不在、无处不在。这种大美育观将美育视为一种境界,把美育当成一种自觉的行为,主张把美育渗透在各个学科,从而做到美育的普及。

2016年9月,《中国学生发展核心素养》研究成果正式发布。从此,"核心素养"被教育界人士广为探讨和实践。学生发展核心素养是指学生应具备的、能够适应终身发展和社会发展需要的必备品格和关键能力,是关于学生知识、技能、情感、态度、价值观等多方面要求的综合表现。"核心素养"与"大美育观"一以贯之、高度契合,各级各界教育工作者要在教育工作中努力构建基于核心素养的大美育理念。

2018年8月,习总书记在给中央美术学院老教授的回信中指出:"美术教育是美育的重要组成部分,对塑造美好心灵具有重要作用。你们提出加强美育工作,很有必要。做好美育工作,要坚持立德树人,扎根时代生活,遵循美育特点,弘扬中华美育精神,让祖国青年一代身心都健康成长。"

徐悲鸿纪念馆作为社会教育领域的一员,如何利用馆藏资源,在培育核心素养方面做出努力,是纪念馆社会教育工作的重要课题。

一、什么是核心素养

学生发展核心素养总体框架由文化基础、自主发展和社会参与三大维度构成,包括人文底蕴、科学精神、学会学习、健康生活、责任担当和实践创新六大素养,又细分为人文积淀、人文情怀、审美情趣、理性思维、批判质疑等18个关键表现。

北师大资深教授林崇德这样解读核心素养:"核心素养是所有学生应具有的最关键、最必要的基础素养;核心素养是知识、能力和态度等的综合表现;核心素养可以通过接受教育来形成和发展;核心素养具有发展连续性和阶段性;核心素养兼具个人价值和社会价值;学生发展核心素养是一个体系,其作用具有整合性。"[①]

华东师大崔永漷教授说:"到底什么是核心素养?世界各国可能用词不一样,如OECD用胜任力,美国用21世纪技能,日本用能力等,但回答的问题是一样的,都是在回答'培养什么样的人才能让他顺利地在21世纪生存、生活与发展'的问题。"[②]

文化是人存在的根和魂。文化基础,重在强调能习得人文、科学等各领域的知识和技能,掌握和运用人类优秀智慧成果,涵养内在精神,追求真善美的统一,发展成为有宽厚文化基础、有更高精神追求的人。

自主性是人作为主体的根本属性。自

主发展，重在强调能有效管理自己的学习和生活，认识和发现自我价值，发掘自身潜力，有效应对复杂多变的环境，成就出彩人生，发展成为有明确人生方向、有生活品质的人。

社会性是人的本质属性。社会参与，重在强调能处理好自我与社会的关系，养成现代公民所必须遵守和履行的道德准则和行为规范，增强社会责任感，提升创新精神和实践能力，促进个人价值实现，推动社会发展进步，发展成为有理想信念、敢于担当的人③。

总而言之，核心素养是"关键素养"，不是"全面素养"；核心素养要反映"个体需求"，更要反映"社会需要"；核心素养是"高级素养"，不是"低级素养"，甚至也不是"基础素养"；核心素养要反映"全球化"的要求，更要体现"本土性"的要求④。

二、何为学科核心素养

为了与学科更紧密地联系，中国学者又提出了"学科核心素养"的概念，进一步丰富了核心素养的观念体系。学科核心素养被界定为："个体在面对复杂的、不确定的现实生活情境时，能够综合运用特定学习方式下所孕育出来的（跨）学科观念、思维模式和探究技能，以及结构化的（跨）学科知识和技能，分析情境、提出问题、解决问题、交流结果过程中表现出来的综合品质。"⑤

学科核心素养现在已成为我国基础教育各学科课程改革统摄性和主导性概念。以历史学科核心素养为例，"历史核心素养是学生在学习历史过程中逐步形成的具有历史学科特征的思维质量和关键能力，是历史知识、能力和方法、情感态度和价值观等方面的综合表现。"⑥主要包括唯物史观、时空观念、史料实证、历史解释和家国情怀五个方面。

唯物史观是学习历史的核心理论和指导思想，它既是学习历史的理论武器和方法论，又是在历史学习中进一步内化的一种历史核心素养；时空观念是历史核心素养的一个最基本素养，它是感知历史的基础，依赖它才能够把时间与空间结合，才能把古今历史知识贯通起来，并且加以比较，进而发现规律并形成正确的认知；史料实证是历史学习的核心方法之一，是历史素养的重要表现，学生通过对史料的感知、辨识，把符合史实的材料作为基本的依据，从中提取有效信息，进而形成对历史的客观认识；历史解释是历史核心素养的能力表现，它偏重于对历史史实和历史理解的外在表达，既包含对史实的描述，也包含了自己的认知观念和所坚持的历史史观；历史是社会整体印记的存留，是历史经验的总结，是人类社会文化的延续，是社会精神力量的传递，家国情怀素养的培育不仅是历史课堂的教学目标之一，也是超越历史学习之上，正确进行社会实践并体现生命价值意义的重要观念素养⑦。

首师大美术系尹少淳教授，是教育部基础教育课程标准研制（修订）组负责人。对于图像识读、美术表现、审美判断、创意实践、文化理解这五项美术学科核心素养，尹教授是这样论述的：图像识读指对美术作品、图形、影像及其他视觉符号的观看、识别和解读。美术表现指运用传统与现代媒材、技术和美术语言创造视觉形象。审美判断指对美术作品和现实中的审美对象进行感知、评价、判断与表达。创意实践指在美术活动中的创新意识、创意思维和创造方法。文化理解指从文化的角度观察和理解美术作品、美术现象和观念⑧。

美术核心素养的这五项内容，要求美术教学要与生活、情景、解决问题的能力等相结合，而不能仅仅是教给学生美术知识或是美术技法。"美术教师在教学的时候，应该想方设法创设问题情景，让学生调动已有的知识与技能或者学习新的知识与技能，参与到解决问题的过程中来，并在这一过程中通过观察、思考、想象、研究、操作、合作等方式，逐渐地形成核心素养"⑨。

三、徐悲鸿纪念馆培育核心素养的教育资源分析

学生核心素养的培育，不仅仅局限于学校教育，也存在于丰富多彩的社会资源中。在众多的社会资源中，博物馆以其丰富的馆藏文物及生动的展览展陈，向社会大众尤其是青少年开展知识普及，传播多方面的科学知识，已成为越来越重要的校外课堂。

徐悲鸿纪念馆现藏有徐悲鸿创作的国画、油画、素描、水彩、粉画、书法作品1200余幅，徐悲鸿收藏的唐、宋、元、明、清及现代名家书画近1200幅，还有中外美术书籍、碑帖、画册、图片约万件。在学生核心素养培育工作方面，徐悲鸿纪念馆可以利用丰富的馆藏资源，与多个学科对接，组织丰富多彩的教育活动。

（一）综合培育美术核心素养

徐悲鸿先生是20世纪中国美术界的一座艺术高峰，是现实主义的艺术巨匠，是中国现代美术教育的一代宗师，是弘扬中华优秀传统文化、坚持艺术创新的杰出代表。与中小学美术学科核心素养培育相对接，是纪念馆社教工作的题中应有之义。

1. 与五项美术核心素养衔接

图像识读是美术学科的基础素养。当今社会各种视觉影像、图案标识层出不穷，遍及各个方面，无处不在。人们如何解读，全靠从小培育图像识读能力，这种能力和语言一样不可缺少。于是，培育少年儿童的图像识读素养，成为徐悲鸿纪念馆开设青少年教育活动的基础性目标。可以说，图像识读贯穿于所有美术教育活动中，欣赏徐悲鸿先生的画作、临摹、上色、拼接图案、手工制作……不管是哪个年龄段的青少年儿童，都能在徐悲鸿纪念馆开展的各类美术教育活动中得到图像识读素养的培育，而且要比学校美术课的资源更加丰富、生动。

美术表现是指将客观世界中的美术以一种行为表现出来，如绘画、雕塑、剪纸等。对于青少年儿童来说，美术表现力是五项素养中比较难提高的一项。在一线从事美术教育的老师说："美术学习是一个连续的内化过程，由于时间所限美术课堂中常以片段呈现，学生易缺乏足够的连续思考与内化的时间，从而忽略作品本身的艺术性与个性。"⑩

学校美术课程受时间空间影响的不足，在徐悲鸿纪念馆能够得到有力的弥补。丰富的馆藏画作、徐悲鸿的创作技法、浓厚的美术氛围为孩子们提供了提高美术表现素养的广阔空间，面向公众的开放时间也保证了孩子们接受美术教育的时间。无论是以教材为基础上课还是开辟新的教学内容，无论是美术老师在纪念馆讲课还是孩子们在纪念馆工作人员的指导下自行创作，相信孩子们都能得到思路上的扩展，创作出更加有个性的作品，提高自身的美术表现力。

美术教育专家尹少淳教授说："在培养学生最基本的图像识图素养的基础上，学生还要学会对美术作品和现实中的审美对象进行感知、评价、判断与表达，并从文化的角度观察和理解美术作品、美术想象和概念，即审美判断素养与文化理解素养的培养。"⑪落实到徐悲鸿纪念馆，可以通过引导学生欣赏徐悲鸿画作、参与各类美术活动，使他们逐渐学会感受和认识美的独特性和多样性，懂得用一定的美术原理和其他知识对画作进行感知、描述、分析、评价和判断，懂得通过多种方式表达自己的审美感受，进而在日常生活中用美的方式去美化生活和环境。同时，还可以通过介绍徐悲鸿先生创作的时代背景、创作期间的动人故事等细节，让孩子们理解美术作品的意义，激发他们热爱祖国、热爱家园、奋发图强等情感。

一切理论知识打下的基础都是为了落

实到实践中，创意实践素养是美术学科核心素养的落脚点。徐悲鸿纪念馆为青少年儿童设计的一系列教育活动，都是为了让孩子更好地学习美术知识，进而更好地落实到美术实践中。因此，我们会充分利用馆藏资源，拓展活动形式，为孩子们安排生动活泼的实践活动。

这五项美术核心素养的培育，在实际教学中不可能分割开来，是一个相辅相成、逐渐递进的过程。而且，随着年龄段的不同，五项素养在教学中的侧重点也有所不同。因此，在实际开展教育活动的时候，一定要针对活动对象的年龄层次、知识水平预先进行准备。

以徐悲鸿画作《风雨鸡鸣》为例（图一），可以从"你们从这幅画上看到了什么，有什么感受，请描述一下"引入，然后相继介绍这幅画的创作背景，让孩子

图二　小学美术教材中的《画家徐悲鸿》

们明确作品主题，体会画家创作这幅画时的情感；同时，从国画的角度来欣赏画作的风格特点，看看画家是如何描绘这幅场景并处理一些细节的，运用了哪些绘画原理；在读图、审美、欣赏之后，可以落实到实践中，年龄小的孩子可以给他们提供这幅图的线描，让他们涂色，也可以制成拼图让他们拼接，年龄大的孩子则可以临摹、进行手工创作等。通过这一幅画作，就能够把美术学科的五项素养全部融入其中，对孩子们进行培育。

2. 紧密结合美术教材，打造优质校外课堂

我们在挖掘馆藏资源和设计教育活动的时候，也要充分结合中小学校现行的美术教材，从中找到与徐悲鸿纪念馆的契合点，让我们的活动成为孩子们课堂教育的有力补充。甚至是直接把课堂设置在纪念馆里，让美术老师在纪念馆现场授课。我们还可以将教育资源制成简单易操作的教具，送进学校，让孩子们在课堂上完成。

以人民美术出版社2013版小学美术教材为例。笔者翻阅了从一年级到六年级上下学期所有12本教材，其中直接跟徐悲鸿有关的内容有三年级下册第4课中徐悲鸿1947年画的《奔马》、五年级下册第6课专门介绍《画家徐悲鸿》（图二），除此以外，还有"中国画""油画""走进美术馆"等专题课，这些课程都能在徐悲鸿纪念馆开辟第二课堂，弥补校内教育资源不足的缺憾。

图一　国画《风雨鸡鸣》

3.与学校深度合作，共同编撰美术教材

今后，我们纪念馆的美术教育还要走向深入，争取与中小学合作，编撰出一套以徐悲鸿纪念馆馆藏为基础的美术教材。

近几年，国家博物馆与北京市东城区史家胡同小学合作开展的"中华传统文化——博物馆综合实践课程"，就是馆校双方深入合作的成功范例。课程依托国家博物馆丰富的馆藏资源，开发了"说文解字""美食美器""服饰礼仪""音乐辞戏"四大主题，出版了配套的课程指导用书《跟我学说文解字》《跟我学美食美器》《跟我学服饰礼仪》《跟我学音乐辞戏》（图三）。课程得到了博物馆界、教育界不少专家的指导和参与，授课对象为小学三至六年级的学生，采取"双师授课"的方式，即博物馆社教人员为学生进行博物馆展厅内的授课，帮助学生们寻找、发现；学校老师为学生进行课堂内的授课，帮助学生们归纳、总结，两部分相互补充、相得益彰。整套课程融合了语文、历史、地理、科学、生物、音乐、美术等学科的知识，培养了学生的艺术情趣，让他们从小感受到中华传统文化的魅力。

徐悲鸿纪念馆也要逐渐往这个方面努力，大力发掘馆藏资源，广泛借鉴博物馆界馆校合作的成功经验，与中小学校密切联系，加强馆校双方的合作。

总之，我们的教育优势在于，能够引导学生对美术作品进行直接观察，近距离地感受美术、触摸美术、亲近美术，让孩子们拥有真正的美术体验。

（二）培育人文情怀

徐悲鸿先生是爱国为民、德艺双馨的楷模，与中小学历史、语文、音乐、思想品德等学科相对接，是纪念馆社教工作要不断拓展的重要组成部分。

20世纪前半叶中国社会现实的动荡和奋起反抗外来侵略的大潮，激生出徐悲鸿先生强烈的忧患意识，他在作品中由衷地表现出"天下兴亡，匹夫有责"的使命感与"救彼苍生起"的悲天悯人情怀。他没有将情怀寄托于避世的山水或孤寂的花鸟，他塑造的是不屈不挠的民生群像，激励和鼓舞了一代代中国人。徐悲鸿奋斗的一生，体现出了一种精神，这种精神是他留给我们的宝贵财富。

下面，我们就徐悲鸿精神中能让青少年儿童有所触动、有所感悟并能与学校教育相结合的几个方面进行具体分析。

1.对中华优秀传统文化的继承与发展

徐悲鸿从小学习的是中国传统经典，他继承了儒家修身、齐家、治国、平天下的思想，有着中国传统知识分子的忧患意识和社会担当，他喜欢塑造中华传统文化中那些有骨气、有气节的故事和人物。

比如《田横五百士》，取材于《史记·田儋列传》，表现的是田横与五百壮士离别时的场景（图四）。画中身披红袍的田横拱手抱拳，气宇轩昂，向送别人群致意。画中的男女老幼构成悲愤难当的画面节奏，汇成一种英雄主义气概。表现了"富贵不能淫，贫贱不能移，威武不能屈"的高风亮节。

再比如《傒我后》，取材于《尚书·仲虺之诰》。画面以写实技法描绘干裂的大地、瘦弱的耕牛，一群衣不蔽体的穷苦百姓抬头眺望远方（图五），就像期待天边起云下雨、滋润土地一样，期盼能有贤明的君王来解救自己。徐悲鸿用象征性的浪漫主义手法，花费三年时间构思和

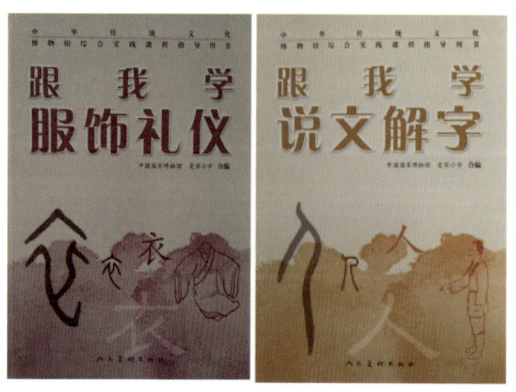

图三 国家博物馆与史家胡同小学共同开发的课程教材

图四 油画《田横五百士》

创作了这幅巨作,借此为处在水深火热之中的民众发出渴望求得解放的呼声。

正像《人民日报》海外版报道2018年初中国美术馆举办"民族与时代——徐悲鸿主题创作大展"时所说的,"返回中国古代典籍里的历史故事,将文学作品转换为艺术形象,乃是徐悲鸿独辟的一条复兴中华民族精神之道"⑫。

当今中国,对青少年儿童学习中华民族优秀传统文化大力提倡,核心素养中的人文底蕴、责任担当等项,都与优秀传统文化息息相关。承载着徐悲鸿精神的徐悲鸿纪念馆,应该是给孩子们讲述如何继承和发扬中华优秀传统文化的理想场所。

2. 为美术事业引入科学精神

徐悲鸿的伟大不仅仅体现在他美术创作、美术教育等方面的巨大成就,还有他为美术事业引入了"求真"的科学精神。

徐悲鸿远赴欧洲留学,绝不仅仅是为了提升个人的绘画技艺,他思考更多的是如何利用西方美术理论和技法来振兴中华民族的绘画艺术。他为明清以来中国画逐渐没落的状态而深深忧虑:"中国艺术没落的原因,是因为偏重文人画。王维的诗中有画、画中有诗那样高超的作品,一定是人人醉心的,毫无问题。不过他的末流,成了画树不知何树,画山不辨远近,画石不堪磨刀,画水不成饮料,特别是画人不但不能表情,并且有衣无骨,架头大,身子小。不过画成,必有诗为证,直录之于画幅重要地位,而诗又多是坏诗,或仅古人诗句,完全未体会诗中情景……在今日文人画上能见到的不是言之有物,而是言之无物和废话。今日文人画,多是八股

图五 油画《徯我后》

山水，毫无生气，原非江南平远地带人，强为江南平远之景，惟摹仿芥子园一派滥调，放置奇丽之真美于不顾。"⑬

"如何在纷繁复杂的西方艺术中选择有利于本民族生存和发展的艺术，这既体现了每一位画家的智慧与个性，更折射出当时本民族的内在需要"⑭。在充分了解和比较了西方现代艺术与写实主义之间的区别后，徐悲鸿以拯救传统中国画为目标，毅然选择了写实主义。写实主义蕴含了求真和实事求是的科学精神。徐悲鸿用一生去提倡和践行写实主义，他的言行和作品时时刻刻体现着科学精神。

3. 全身心投入美术创作与教育实践

深厚的传统文化底蕴、求真的科学内核，以此为基础，徐悲鸿将短暂的一生全部投入到美术创作和美术教育实践当中。

徐悲鸿自幼受到中国书画传统的熏染，打下了深厚的书画功底，他在对西方美术深入研究的同时，始终重视民族艺术的传承，努力探索中西融合的艺术道路。他的素描作品将中国绘画的"线描造型"和西方的"明暗结构"有机结合，展现出中国造型艺术的神韵。在油画和中国画的主题性创作上，他选用的是中国历史与人文经典，讲述的是中国故事和中国精神。在20世纪中国画的发展取向上，他提倡"师法造化"，高度评价宋元时期的中国画传统，强调复兴宋元以来的人物画精髓。他在中国画、人物画创作上所形成的笔墨与造型有机统一的画风，开山立派，展现了中国画的时代新貌，在中国画坛影响深远。他倾注全力收藏和保存中国古代书画精品，视之为"悲鸿生命"，体现出对优秀传统文化一生守护的精神。

美术教育是徐悲鸿奋斗一生的事业之一。"他认为，一个画家，画得再好，成就再大，不过是自己一个人的成就，如果把美术教育发展起来，培养出一大批画家，那就是国家的成就。"⑮在20世纪初中西文化碰撞的大潮中，作为最早赴西方学习美术的一代艺术家，他既深入考察研究了欧洲美术的历史和造型体系，更以极为勤奋的精神学习掌握了素描和油画造型的功力，在留学期间就显示出卓越的才华和深邃的思考。留学回国之后，徐悲鸿先生投身美术创作和教育直至终生，为奠定中国美术教育理论体系不遗余力。他提倡"素描是造型艺术的基础"，提出"宁方毋圆，宁脏毋净，宁拙毋巧"的素描要求，在教学上引导学生提高全面学养，求真求美。他提出"尽精微、致广大"的艺术理念，给人以深刻的启示。他珍惜人才并善于发现人才，曾倾力相助过许多富有才华而遭遇困难的学子。他以广纳天下贤士于艺术苗圃的胸怀，不计社会地位的高低和学派观点的差异，邀请和团结一大批美术名家共同从事美术教育事业，为中国美术事业奠定了十分重要的人才基础。

4. 音乐与美术的有机结合

2017年，徐悲鸿纪念馆与北京雷锋小学东街校区搞共建活动，在与学校领导探讨今后的馆校合作模式时，校方提议可以在组织学生来纪念馆搞活动的时候播放一些背景音乐，效果会很好。这一建议给笔者带来了启发：音乐和美术是艺术领域的两大门类，其实二者是可以相融的。

在教育部2011年版的《义务教育艺术课程标准》中，给"艺术课程"的定义是"一门综合音乐、美术、戏剧、舞蹈、影视等艺术门类为一体的课程"。这从根本上改变了以前音乐课是音乐课、美术课是美术课的思维定式。要让孩子们在学习美术的时候，学会用眼睛、耳朵去感受艺术。"就像是在学习鉴赏美术国外名作时，同时播放极具艺术气息的小提琴曲或钢琴曲，让学生们同时在视觉和听觉上体会艺术的魅力"⑯。

在徐悲鸿纪念馆今后开展青少年儿童教育的活动中，可以探索将美术、音乐甚至更多的艺术门类相融合的教育模式。

（三）培育家国情怀

徐悲鸿先生的艺术业绩和杰出贡献得到了党和国家的高度评价，他不仅是一位伟大的艺术家，也是伟大的爱国者。徐悲鸿纪念馆不仅是传播知识的场所，更是爱国主义宣传的阵地。

1. 文化自信

徐悲鸿在其著述中，曾多次论及中国传统美术的伟大成就及其重要贡献。他说："中国艺术对世界的贡献，我们自己倒似乎不大在意，而在欧洲各邦以及敌国日本的学者却对之异常关切，深为赞美。其最简单的原因是中国艺术的发展早于欧洲一千多年；当中国艺术已经达到成熟圆满的时期，欧洲的艺术还是萌芽襁褓之际。但仅有悠久的历史也不一定有光辉的成就，又好在中国地大物博，天赋甚厚，西有嵯峨接天的雪山，东临浩渺无涯的沧海，有荒凉悲壮的大漠长河，有绮丽清幽的名湖深谷，更有许多奇花异草、珍禽怪兽。艺术家浸沉于这样的自然环境，故其所产生的作品，不限于人群自我，而以宇宙万物为题材，大气磅礴，和谐生动，成为十足的自然主义者……也许我们不免艳羡欧洲文艺复兴时期的光辉灿烂，可是他们直到十七世纪还极少头等的画家，也没有真正的山水画。而中国在第八世纪就产生了王维。王维的真迹现在已成为绝响，但他的继起者如范宽、荆浩、关仝、郭熙、米芾诸人，现在还留有遗迹，如故宫所藏范宽的一幅山水，所写山景，较之实在的山头不过缩小数十倍，倘没有如椽的大笔，雄伟的魄力，岂能作此伟大画幅！又如米芾的画，烟云幻变，点染自然，无须勾描轮廓，不啻法国近代印象主义的作品。而米芾生在十一世纪，即已有此创见，早于欧洲印象派的产生达几百年，也可以算得奇迹了……中国的花鸟画，在世界艺术的园地里还是一株特别甜美的果树，也许因为中国得天独厚，有坚劲而纯洁的梅花、飘逸的兰草、幽秀的水仙，这些在世界上都要算奇花异卉，为他国所无，而又确实能表现中国艺人的独特品性，中国民族的特殊精神，因此中国产生了许多伟大的花鸟画家，如宋徽宗、徐熙、黄筌、黄居寀、崔白、赵昌、滕昌祐等，作品均美丽无匹，直到现在全世界还没有他们的敌手。此外，我国的漆器、丝织品、玉器、瓷器等，亦有极大的艺术价值；尤其是玉器，是世界艺术的一朵奇葩。"⑰这段文字在今天看来，我们依然能体会到徐悲鸿先生对我国传统美术的热爱与自豪之情，对中华优秀文化价值予以充分肯定，对中华优秀文化生命力抱有坚定信念。

他的一生，一直在为弘扬中华优秀文化而奔走和努力。20世纪30年代，徐悲鸿为了让世界各国认识到中国是一个有高度文化的国家，先后在法国、比利时、意大利、德国、苏联等国家举办中国近代画展，宣传中国传统绘画。画展取得巨大成功，在欧洲各国引起了强烈反响。徐悲鸿此举可谓一针强心剂，让中国优秀文化在世界舞台上扬眉吐气。

2. 复兴之路

前文中曾提到，徐悲鸿在为我国传统美术光辉历史自豪的同时，也为明清以来中国画逐渐没落的状态而深深忧虑。他从欧洲留学归国后，并没有像普通留学生那样，找一份工作、成为一名画家就可以了，而是怀着感恩报国之心，积极投入到民族救亡的队伍中，要为振兴中国传统美术尽自己最大的力量。艺术上他没有走全盘西化的道路，而是将西方美术先进的技法引入中国传统绘画中，"以惊人的魄力，同时在四个大的艺术领域内展开了工作：（1）振兴美术教育；（2）改革中国传统绘画；（3）艺术创作上的突破；（4）为国识才与收藏。"⑱

在整个改革创新的过程中，面对一些阻碍和质疑，他并没有害怕和退缩，一直像一名美术战线上的勇士，为复兴中国美术而不懈战斗。徐悲鸿致力于复兴中国传统美术的巨大努力和付出，是今天我们所处的这个伟大变革时代更需要的一种精神。

3. 凝心聚力

徐悲鸿在抗日战争期间所做出的贡献

图六 国画《愚公移山》

也是令人感动和敬佩的。

这个时期的徐悲鸿，处于精力最旺盛的时期，也是艺术上最成熟的时期。他笔下的马、狮子、雄鸡等，大都注入了现实含义，都是他战斗的号角。以他著名的《愚公移山》为代表，这幅画体现了中华民族坚忍不拔、克服困难的毅力与信心，鼓舞着浴血奋战的中国人民（图六）。在中国人民抗日战争的艰苦岁月里，他用艺术表现民族奋起抗争的精神，给人以极大的感染力。

除了创作，他还以自己的大量作品和社会活动争取海内外社会各界赞助，赈灾济民，支持抗战，展现出一位艺术家崇高的爱国情怀。1941年，徐悲鸿在吉隆坡、槟榔屿、怡保三个城市先后举办为祖国捐输的筹赈画展，将卖画所得的资金全部捐出用于抗战。

今天，我们回顾徐悲鸿的这一段段感人故事，能真切感受到他对祖国、对人民的炽热情怀，他是用一颗真诚的赤子之心去记录、去表达人民的伟大实践和时代的飞速发展，从而创造出反映时代精神、体现中国气派的艺术精品。

从徐悲鸿短暂而光辉的一生中，我们看到了那种与国家民族休戚与共的壮怀，那种以百姓之心为心、以天下为己任的使命感。梁启超先生曾说："人生于天地之间，各有责任。知责任者，大丈夫之始也；行责任者，大丈夫之终也。"责任和担当，是家国情怀的精髓所在，也是徐悲鸿先生留给我们的宝贵遗产。

徐悲鸿纪念馆要充分发掘和利用好丰富的馆藏资源，把这块爱国主义基地建设好，让更多的青少年儿童在这里感受到爱国正能量，引发他们的爱国共鸣，为培育孩子们的核心素养尽我们最大的努力。

---

①②④《核心素养的内涵与本质》，《基础教育课程》2017年第1期。

③ 核心素养研究课题组：《中国学生发展核心素养》，《中国教育学刊》2016年第10期。

⑤⑧ 尹少淳：《从核心素养到美术学科核心素养——中国基础教育美术课程的大变轨》，《美术观察》2017年第4期。

⑥ 王雄：《历史素养的评估与教学建议》，《历史教学》2016年第9期。

⑦ 张华冕：《高中历史课堂教学环节要素设计探析——例谈历史核心素养的培养》，《天津师范大学学报（基础教育版）》2017年第2期。

⑨ 尹少淳：《文化·核心素养·美术教育——围绕核心素养的思考》，《教育导刊》2015年9月上半月。

⑩ 林毅：《巧用微课平台提升学生美术表现力》，《中国教育学刊》2017年第10期。

⑪ 尹少淳：《尹少淳谈美术教育》，人民美术出版社，2016年，第163页。

（下转第106页）

浅谈新媒体时代下馆藏文物的数字化建设

——以徐悲鸿纪念馆为例

汤雅涵

随着近年来信息技术的高速发展，新的媒体技术也在不断变革，以互联网、数字电视、手机网络等为代表的新兴传播媒体迅速取代电视、广播、杂志等传统媒体形式。

新媒体时代的到来，不仅改变了人们传统的传播模式和获取信息的方式，也改变了人们的生活方式和工作方式。博物馆作为向公众进行文化传播的重要媒介之一，也需要打开新的传播思路，探索新的传播途径。因此，博物馆数字化建设已经被越来越多的人们所重视。

2016年10月，国家文物局发布了《关于促进文物合理利用的若干意见》，提出扩大文物资源社会开放度、促进馆际交流提高藏品利用率、加强革命文物展示利用、创新利用方式、落实文化创意产品开发政策、鼓励社会力量参与六项具体举措[①]。国家政策的陆续出台，是文博事业发展强有力的助推。

在国家政策、社会潮流的共同影响下，徐悲鸿纪念馆顺应时代发展，通过对馆藏文物进行数字化建设，创新文物传播方式，提高馆藏文物的利用率。在徐悲鸿纪念馆的数字化建设工作中，应当利用具有数字化、交互性、多样性、时效性、信息容量大、多媒体、全球化等多种特征的新媒体技术与现有馆藏资源有效结合，以全新的形式将徐悲鸿先生的作品活灵活现地展现给参观者，同时也为文物管理提供更有效的方式。

本文从发展迅猛的新媒体时代背景出发，通过阐述徐悲鸿纪念馆馆藏文物的数字化建设，引发人们对如何利用好数字化建设手段对馆藏文物进行有效传播的思考。

一、新媒体的定义

（一）新媒体的概念

新媒体（new media）概念是1967年由美国哥伦比亚广播电视网（CBS）技术研究所所长戈尔德马克（P. Goldmark）率先提出的。"新媒体是相对于传统媒体而言，是报刊、广播、电视等传统媒体以后发展起来的新的媒体形态，是利用计算机技术、数字技术、网络技术、移动通信技术，通过互联网、无线通信网、卫星等渠道以及计算机、手机、数字电视机等终端，向用户提供信息和娱乐服务的传播形态和媒体形态"[②]。

可以这样说，新媒体是一个相对的概念，伴随着电子与计算机技术的发展而不断变化发展。广播相对于报纸是新媒体，电视相对于广播是新媒体，网络相对于电视是新媒体。通常所说的新媒体是指在计算机信息处理技术基础之上出现和影响的媒体形态。[③]随着互联网的不断普及和发展,到今天为止,互联网已经延伸到了手机、移动电视、平板电脑等移动终端,并且逐渐成为一种潮流,还包括以此为基础的数字阅读、微信微博、移动商务等,正在潜移默化地改变着人们的传统生活和工作方式。

(二) 新媒体的特点

相对于报刊、户外、广播和电视这四大传统意义上的媒体,新媒体又被形象地称为"第五媒体"。新媒体之所以可以成功地占据相当一部分传统媒体的市场和受众是因为它能够更加快速便捷地进行信息交互,并且通过互联网等新型平台进行传播,符合当代新生受众的价值观。

随着人们工作与生活节奏的加速,大众的休闲娱乐时间呈碎片化发展。新媒体刚好迎合了这一需求,可以满足随时随地的互动性表达、娱乐与信息的需要。可以将单一的文字、图画、音视频等元素结合起来,使最终的信息产物更加立体,内容和形式更为丰富。在新媒体里面,用户还可以同时成为信息的接收者和发布者,这样不仅增加了整个信息传播过程的趣味性,也增强了用户的自主选择性和目的性,丰富了用户的地位体验。新媒体在使用与内容选择上跳脱了传统的媒体模式,更具个性化,能够做到更加细致的划分,并可以根据不同用户的具体需求,针对性地推荐相关信息。

(三) 新媒体的发展趋势

新媒体的发展将是未来媒体发展的新趋势,新媒体的形式将随着生活科技及人们对于信息的需求瞬息万变,以不同的形式出现在人们的视野中。新媒体的参与性非常强,举一个例子,像抖音、快手这样的视频社交软件之所以如此流行,原因其实很简单:人们不需要太复杂的设备,只需要一部可以拍照的手机、一个充满创意的想法就可以拍摄一段短视频,将其进行特效处理再配上声音便是属于自己独一无二的新媒体产物——数字微电影,不但可以享受当导演的乐趣,还可以随时随地的发布转发和其他人分享,有着极强的互动性。由此看来,新媒体技术就是交互式媒体的展现,未来媒体的发展趋势便是受众与媒体之间更多更深层次的互动。

二、馆藏文物的数字化建设综述

(一) 发展背景与现状

博物馆作为一个面向大众开放的文化传播机构,是承接历史文化的重要载体,是对国家的自然和文化遗产进行展示和研究的重要平台。博物馆在保存并传播一个地区乃至一个国家的历史文化内涵中也发挥着不可替代的作用。长期以来,传统的陈列式博物馆是依附于藏品存在的,在藏品保管和展示过程中,自然就会对场所、环境、设施等方面提出一系列的要求,不得不使相关成本有所增加;"配套馆藏文物的各种信息资料,如入库凭证、文物明细、图像资料、鉴定资料、相关论著等完全依靠人工完成,不仅消耗了大量人力、物力,也制约了博物馆资源的循环效率和对重要资料的有效研究"[④];博物馆藏品大多存在"养在深闺无人识"的困境,无形之中在研究者和公众之间筑起了一面高墙;博物馆空间场所的固定性及展陈形式过于单一枯燥、千篇一律,难免会使参观者感到乏味,使其自身对于广大社会公众的吸引度逐渐降低,一定程度上限制了博物馆在传承文化方面作用的有效发挥。

新媒体时代的到来,给传统的文化传播带来了巨大的冲击,打破了原有的文化传播形式,形成了全新的文化传播体系,产生了深远的影响。对人们日常的生活和工作方式也产生了重大的影响,越来越多的人们从电视广播报纸这种相对静态的媒体转向在手机、平板电脑上使用微信微博、新闻资讯和视频类软件等动态的数字化媒体,使得信息获取的渠道产生了质的飞跃。

"数字博物馆的概念在发展进程中应

包含两个范畴，一个是博物馆藏品的数字化，另一个是数字博物馆的藏品数字信息通过传播渠道进行传播即数字典藏的传播展示平台。前者的发展使馆藏文物得以持久的保存，后者的发展更利于博物馆社会性功能的实现"[5]。

20多年前，数字博物馆可以说是欧美发达国家大型艺术机构的"专利"。而如今，数字博物馆已经遍布全世界，各国都建立了各具特色的数字博物馆。1990年，美国国会图书馆启动"美国记忆"（American Memory）计划，将图书馆内的文献、手稿、照片、录音、影像等藏品进行系统的数字化处理和存储。1995年美国正式建成博物馆互联网系统，将美国国内诸多博物馆的馆藏信息数据库纳入网络传播系统。同一时期，大英博物馆着手建立多媒体馆藏数据库，1997年推出一个多媒体藏品查阅系统，从2000年6月开始，观众可通过大英博物馆网站获取馆藏5000件重要藏品的相关信息。而亚洲的日本、印度、香港、台湾等国家和地区的数字博物馆的水平也很高。

从国内的情况来看，1998年8月，河南博物院网站第一次出现在互联网上。1999年5月，国家文物局在河南博物院专门召开了博物馆文物信息标准化研讨会。从此之后，中国数字博物馆的建设开始加快步伐，北京故宫博物院、国家博物馆、上海博物馆、成都博物院等越来越多的博物馆开通了网上博物馆，观众可以通过网络参观博物馆。2012年，国家博物馆官方微信公众平台开通。2013年，中华艺术宫数字博物馆实现全场景虚拟浏览，是国内首个具备360°全场景游览功能的数字博物馆。2016年，腾讯与故宫博物院正式建立合作伙伴关系，通过Next Idea腾讯创新大赛，鼓励年轻人发挥创意，用故宫博物院授权的IP制作成表情包、游戏、动漫等作品。2017年，故宫博物院与腾讯共同宣布成立"故宫博物院—腾讯集团联合创新实验室"，探索先进数字技术在文化遗产保护、研究和展示领域的应用范式。2018年，由故宫博物院与腾讯动漫、Next Idea联合打造的主题漫画《故宫回声》在腾讯动漫官方平台上线。

（二）意义

在如今的新媒体时代背景下，传统的博物馆有了新的转型挑战。大数据的运用为现代博物馆的建设与发展提供了一个崭新的平台。博物馆如何在数字化建设中利用好馆藏资源，发挥文化引领的作用至关重要。

"如果要继续实现传递历史文化、普及教育公众和服务社会的功能，就需要突破'以物为本'的传统思想，积极探索新的传播途径，将以往知识的单向传播方式改成互动式双向传播的新形式，从而使参观者从知识的被动接受者逐渐转变为主动获取知识的探索者"[6]。也就是说，要看清传统传播方式的路径，扩大传播广度，加深传播深度，运用高新信息技术来推动文博事业的发展。因此，充分利用新媒体技术建立数字化博物馆具有非常深远的意义。

（三）发展趋势

"博物馆数字化建设就是利用数字技术将博物馆的馆藏资源等以数字化的方式展现出来，并利用网络技术将信息向公众进行宣传和推广，做到资源的最大化利用，为传统博物馆开辟了可持续发展的路径"[7]。在这方面，美国、日本及欧洲各国走在了前列，"早就开始了博物馆的数字化转型升级，如英国大英博物馆、美国大都会博物馆、法国卢浮宫和日本国立科学博物馆等，都在展馆内采用多媒体展示设备，并建立自己的官方网站方便参观者在线进行参观"[8]。

博物馆在互联网上进行的初步尝试，能够更有效地管理以及记录博物馆展品的信息和动态，也标志着传统意义上的博物馆开始走上了运用新型传播媒介的道路。因此，博物馆数字化建设是传统博物馆适应新媒体时代发展要求的产物，也是现代博物馆的发展趋势。

三、徐悲鸿纪念馆数字化建设

随着多媒体技术的不断发展更新，互联网技术日益发达，博物馆逐渐在各个方面采用多媒体技术，以顺应时代的需要，徐悲鸿纪念馆也不例外。"G•B•古德（G. B. Goode）曾说：'博物馆不在于它拥有什么，而在于它以其有用的资源做了什么。'这也是新媒体时代，传统博物馆转型过程中需要秉承的重要理念"⑨。徐悲鸿纪念馆有着弘扬徐悲鸿先生的爱国精神、艺术贡献和为社会公众提供优质服务的使命。为了完成这一使命，纪念馆必须积极利用新媒体平台，如微信微博公众号、app、网站等进行多渠道宣传和展示，实现大范围的宣传教育和互动交流。

（一）历史及现状

徐悲鸿纪念馆建立于1954年，是在徐悲鸿故居基础上建立的第一座美术家纪念馆，收藏了徐悲鸿先生去世后，其夫人廖静文女士遵照他的遗愿，捐赠给国家的全部作品1200余件、他收藏的历代书画1200余件及上万件珍贵的美术图片资料。

1964年，坐落于北京市东城区东受禄街16号的徐悲鸿故居因修建地铁工程拆除。1984年，徐悲鸿纪念馆在北京市西城区新街口北大街53号重建。2011年开始进行的纪念馆改扩建工程，目前已经接近尾声。新建成的纪念馆与时俱进，开展了系列数字化进程，官方微信微博的开通、纪念馆网站的建立等，都将成为纪念馆宣传、展示和互动的重要平台。

徐悲鸿纪念馆的数字化建设是对传统实体纪念馆的改造升级，是以多媒体技术和交互技术为主要手段，来建设纪念馆的网站、app和微信公众号。将馆藏文物应用到纪念馆的数字化建设中，就可以通过视频、网络等多媒体方式更加精彩地呈现徐悲鸿先生作品及藏品内容，也可以实现信息资源的有效利用和共享。目前，徐悲鸿纪念馆的数字化建设正在有条不紊地进行中。

（二）数字化建设对馆藏展品的意义

纪念馆的展厅使用空间是有限的，这就导致很大一部分馆藏品无法展出，实现馆藏展品数字化可以在一定程度上解决这个问题，观众可以在网站等官方渠道上欣赏到未在展厅展出的藏品。而且馆藏展品数字化也有助于馆藏展品的清点管理工作，从而提高管理人员的工作效率。

徐悲鸿纪念馆将徐悲鸿的作品及藏品的图文资料录入数据库，并通过文字、图片、音频、视频等方式在网站、app、微信等平台上进行展示，将更好地保存和展示纪念馆的馆藏品。此外，还将采用全景图像技术拍摄展厅的全景图片及视频，用于网上数字展览的制作，将实体展厅的样貌完全展现在网站页面上，使观众足不出户就可以看到永不落幕的展览。观众可以利用电脑操作在虚拟场景中自由漫步，随意穿梭于各个展厅，随意选择感兴趣的展品并放大欣赏展品上的每一个细节。

（三）新媒体建设在馆藏文物中的应用

当今社会，智能手机和平板电脑以其便携性好、娱乐性强等优势，成为人们消遣娱乐的主流工具，因此，徐悲鸿纪念馆在建立自己官方网站的同时也把手机应用软件开发作为一个重要目标。随着各个博物馆纷纷推出自己的手机应用，市场竞争压力加大，且智能手机的使用人群日益扩大，人们的需求增大，app已经不能仅仅将展品内容简单地呈现给观众，也不能只有普通导览功能了，要设计开发出更加人性化、个性化、有本馆特色的和高互动性的app，才能在众多博物馆手机应用中脱颖而出。并且"每个纪念馆由于纪念对象不同，它们的性质和任务、业务的范围和内容也都存在巨大的差异。在构建个性特色的纪念馆网站中，如何在网络功能和网络服务中体现本馆的业务特色，展示有别于他者的具有个性特色的网络形象，也是一个值得认真思考的问题"[10]。

因此，为了更好地迎合观众的喜好和提升观众的使用感，突出本馆的个性特色，徐悲鸿纪念馆的网站、app和微信平台全部都秉承着融入徐悲鸿纪念馆特色的理念来进行页面设计和开发，充分利用新媒体手段使馆藏资源得到了最优最大化的展示。

1. 徐悲鸿纪念馆网站建设中的"悲鸿足迹"模块

想要快速走进纪念馆，了解徐悲鸿的最简单途径就是看他的生平和大事记年表。徐悲鸿纪念馆网站中的"悲鸿足迹"模块很好地将徐悲鸿的生平与大事记年表相结合，取代了大事记年表的冗长和乏味，将徐悲鸿一生走过的地方按时间顺序串起来，清晰美观地呈现给观众。这种呈现形式是将对徐悲鸿的生平简单的图文介绍做了一个创新，增添了一丝趣味，给观众更好的浏览体验。

2. 徐悲鸿纪念馆app建设中的"趣味知识"模块

这一部分，看名称肯定很多人会认为是专为青少年开设的模块，其实不然。此模块的具体表现形式为闯关答题模式，题目全部为单选题，题库内容包括徐悲鸿生平、作品、中国美术、西方美术的常识等。支持在线对战模式，具有极强的互动性，寓教于乐，老少皆宜，趣味性十足。可以使人们在轻松的对战游戏中，更加简单直接地了解有关徐悲鸿的更多知识，扩大自己对他的认知，玩中学，学中玩。

3. 徐悲鸿纪念馆app建设中的"逸事趣闻"和"名画趣谈"模块

徐悲鸿纪念馆app建设中的"逸事趣闻"和"名画趣谈"模块，顾名思义，是将徐悲鸿馆藏研究中鲜为人知的一些故事拿出来，以图文、视频等形式呈现给观众。这一部分的设计弥补了观众在讲解中听不到的一些部分，可以很好地满足好奇心强、喜欢听故事的观众。利用新媒体技术可以将一部分馆藏研究内容以观众喜闻乐见又容易接受的方式呈现出来，最大程度地辅助于实体纪念馆。

4. 徐悲鸿纪念馆app建设中的"AR"设计

AR技术（Augmented Reality，增强现实技术）被认为可以激发出体验者强烈的在场感，并在他们学习的过程中有效地引发情感反应，所以在不断的实践中，越来越多的博物馆把这项技术运用到优化观众的参观体验中。徐悲鸿纪念馆"AR"方案的设计是app开发里颇具亮点的一部分，很好地将馆藏文物与新媒体建设有机结合，用一些新奇的方法增强了馆藏文物展示的趣味性和个性化的叙事，将app体验的交互性发挥到了极致。比如以下几幅作品的设计：

（1）《保卫世界和平大会》的AR设计

观众可以通过扫描《保卫世界和平大会》长卷再现当时会议上宣布南京解放的消息后全场沸腾的场景。场景中开始循环播放人物形态的动画，观众可以向上或向下拖动屏幕，近距离观察画面上人物面部栩栩如生的神态，还可以在画中寻找郭沫若、徐悲鸿的身影。在伴有欢呼声、鼓掌声的气氛中，可以感受徐悲鸿这幅画的恢弘气势。

（2）《漓江春雨》的AR设计

观众可以通过扫描《漓江春雨》，以360°全景的方式来欣赏徐悲鸿描绘的桂林山水。浓淡墨的渲染将广阔而波动的江面、若隐若现的村庄表现得淋漓尽致，伴随着微风吹拂，鸟儿轻鸣，将画面中的场景用动态立体的效果来呈现。观众还可以360°旋转手机，全方位地观看甲天下的桂林山水，仿佛身临其境。

（3）《奔马》的AR设计

观众通过扫描《奔马》，可以在手机上亲自绘画奔马图，感受徐悲鸿画奔马时的意境。奔马画好后会出现神奇的一幕。画中的奔马如神笔马良的画一样，神奇地"复活"，然后神采奕奕地向观众奔来。这种设计，使原本静止的画面变得生动立体起来，给观众留下深刻的印象，从而可以激发观众想要更加深入地了解徐悲鸿作品和徐悲鸿本人的思想精神的意愿。

（4）《箫声》的AR设计

观众可以通过扫描《箫声》，看到画中女子侧身而坐吹箫，一只长箫，晶莹剔透，与人物幽怨迷离的眼神相呼应，具有一种空灵感。观众可以自拍后将自己的脸换到画中，让自己成为画中的主人公。从而更好地感受《箫声》画面中所饱含的绵绵情思，体会中国画意境表现与西方绘画写实技法的完美结合的表现手法。

（四）数字化建设中的问题

徐悲鸿纪念馆的数字化发展过程中也遇到一些瓶颈与障碍，需要逐步地研究和解决。首先是建设的成本高。纪念馆的数字化建设是对传统展陈方式的颠覆性改革，从基础设施的重建，到软件操作系统的投入使用，再到配套管理的升级改造，都需要大量的资金投入。由于受资金方面的限制，我馆数字化建设只能先满足基本信息化需求，无法做到一步到位。而且，当今处在科技高速发展的时代，设备与技术更新换代的速度越来越快，纪念馆耗费资金更新的设备、升级的技术应用不久就面临落后、淘汰的危机，给我馆正在进行的数字化建设增添了巨大的压力。

其次，建设完成后的维护费用高。博物馆在数字化建设完成后要进行设施更新，虽然设施更新可以大大节省传统的人力、物力，但同时也不可避免地在设备维护方面给博物馆出了难题。系统应用后的再升级、定期检测和维修更新都会产生大量的资金支出，刚刚解决了初期建设资金，继而又要面对高额的运营成本，这让我馆数字化建设道路步履维艰。

第三，数字博物馆展示的虚拟场景中交互性展示较差。网上虚拟博物馆的展示形式是基于二维图文的网页界面展示，展示的视觉表现效果单一、过于平面化、缺乏交互性。虽然网络多媒体技术与动画技术让虚拟博物馆在展示中有较强的动态性，可以通过视觉和听觉带给观众不同的展示效果体验，但是这种技术只是针对某项展品或者某个展出主题展示，而不能涵盖整个虚拟博物馆的展厅及展品。

第四，虚拟系统与现有的网络环境的差异性。由于虚拟系统下载比较巨大，而目前我国的网络速度跟不上现有系统的承载量，所以在观众参观虚拟博物馆时无法提供更真实更流畅的藏品信息。

第五，博物馆数字化的主要展现形式如微信微博等，在宣传力度、传播理念和传播形式等方面都过于传统。为保证新媒体时代博物馆在传递历史、教育公众和服务社会过程中更好地发挥作用，这些问题亟需转变理念、加以改善，此外，还要避免技术主义、过度娱乐化以及信息泄漏等系列问题的出现。

四、徐悲鸿纪念馆馆藏资源数字化发展的思考

当今社会早已进入数字化的新媒体时代，人们随时随地不受限制地通过笔记本电脑、手机和平板电脑等移动终端设备进行移动式学习，随时随地完成知识的网络搜集。展陈也逐渐从单一的文字和图片展示向影视、触摸、互动的展示方式过渡，展品也从实物展示向二维、三维动画、全息影像展现的方向发展。博物馆也逐渐从实体博物馆向数字化博物馆转型。

数字博物馆的建设，与实体博物馆的文物展示相辅相成，彼此互补，有着提升博物馆的社会功能的目的，起着更为有力的普及知识、宣扬文化的作用。数字博物馆的虚拟空间弥补了实体博物馆场地有限这一缺点，将实体空间与虚拟空间相结合，拓展博物馆的展示空间。而实体博物馆解决了数字博物馆的虚拟空间基于多媒体技术而又缺乏感情的问题。因此，数字博物馆与实体博物馆的共同发展和互补，使得观众对于馆藏文物的认识和理解，对文化的感悟和传播，都得到了很好的深化

和延续。通过互联网平台，观众可以在数字博物馆的引领下，对实体博物馆进行先期的感性认识，同时引发对于实体博物馆的参观兴趣。而后，实体博物馆参观之后的深层次思考，又可以通过数字博物馆得到解答。实体博物馆与数字博物馆之间是一种互补而非替代关系。

建设数字化博物馆，利用互联网、数字技术、现代软件等技术，推动文化生产方式、传播方式的创新，扩展文化服务功能，延伸文化传播的空间和辐射范围，可以充分发挥出博物馆的应用价值。原先博物馆会受到时间、地域的限制，很多学者都难以更好地利用各种文物资源。但在数字化博物馆建设完成后，就能够形成相应的网络平台，相关文化工作者及文化研究人员就可以在这一平台上进行交流和沟通，实现资源共享。

以数字化建设手段对馆藏文物进行有效传播是当今时代的主流。新媒体技术，使传统文化传播变得更为智能化，给受众带来前所未有的文化体验。加大数字化建设的开发与应用，运用多种手段调动观众的多重感官，增加体验的交互性、主动性，使观众能直观地、浸入式地体验是一种新的趋势和发展方向。

未来，徐悲鸿纪念馆除了要继续推进数字化建设的进程外，还要积极与主流媒体大力开展合作。在共享信息和资源的同时，扩大自身的宣传范围和拓展宣传渠道，最大限度地弘扬徐悲鸿先生的爱国精神和艺术贡献。同时，也应该注意到"网上纪念馆信息的基础，植根于纪念馆传统的日常业务"[11]。纪念馆如果只是片面地去追求社会影响力而没有自身逐渐扎实的基础和不断丰富的内容的话，就如同缘木求鱼。

因此，在价值多元化的今天，徐悲鸿纪念馆应致力于完善自身的建设、开展特色的主题活动、创新活动，继续利用好现代化传媒技术手段发挥纪念馆宣传教育的功能，进一步提升公共文化服务水平，为公众提供更优质的服务。

---

[1] 《关于促进文物合理利用的若干意见》（文物政发[2016]21号）。

[2] 王中生、陈国绍、马军平：《新媒体技术与应用》，清华大学出版社，2017年，第2页。

[3] 王中生、陈国绍、马军平：《新媒体技术与应用》，清华大学出版社，2017年，第6页。

[4] 王平、秦丽荣、朱芊晔：《关于博物馆数字化建设的思考》，《才智》2018年第18期。

[5] 任颖莹：《新博物馆学场域下的虚拟博物馆研究》，《科技传播》2015年第11期。

[6][7][8] 梁辰浩：《新媒体背景下博物馆数字化技术的应用与革新》，《当代电影》2016年第2期。

[9] 唐开文：《博物馆的数字化探索——以"中国人民抗日战争纪念馆"为例》，《新闻与写作》2014年第10期。

[10][11] 肖炳龙：《纪念馆网站建设若干问题的初探》，《北方文物》2003年第1期。

（作者单位：徐悲鸿纪念馆）

探析徐悲鸿的博物美术馆思想

刘 名

一、博物馆及博物美术馆

博物馆,是人类物质、文化遗存的保存者、记录者、展现者和见证者,担负着向社会公众传播知识、文化与精神的重要任务。最初博物馆只是供皇室或少数富人观赏奇珍异物的收藏室。18世纪末,西欧一些国家相继建立博物馆并向公众开放,其功能才有了新的发展,人们对博物馆的认识也发生了变化。1946年国际博物馆协会成立,把博物馆定义为:为公众开放的美术、工艺、科学、历史以及考古学藏品的机构(包括动物园和植物园)。后又经过多次讨论修改,直到1974年博物馆定义才正式明确:是一个不追求营利的、为社会和社会发展服务的、向公众开放的永久性机构,为研究、教育和欣赏的目的对人类和人类环境的见证物进行搜集保存、研究、传播和展览。

博物美术馆作为博物馆系统的重要分支,最初是通过洋务运动从西欧传入中国。18—19世纪,西欧国家的私藏品已向社会开放,为了改变藏展混乱的状态,完善美术馆的陈列和参观制度,布展风格采用空间布展展现艺术风格演进的编年制原则。这种方式引起中国留欧知识分子的关注与兴趣,他们将西方博物美术馆的理念系统客观地引进中国,从而将我国博物馆事业的发展推向机构化、制度化的发展轨道。在新文化思潮的影响下,一些有识之士为了建立我国自己的博物美术馆,以知识分子的果敢与担当,著文立说,摇旗呐喊,奔走呼号。被誉为"中国现代美术事业奠基者、杰出画家和美术教育家"的艺坛巨匠徐悲鸿,便是其中之一。

徐悲鸿一生都以复兴中国画为己任,为发展中国美术教育事业呕心沥血,在他波澜壮阔的艺术人生中,他更能系统、全面且深刻地意识到,博物美术馆的建设和发展,对传承和发展我国美术事业的重要性和必要性,他曾在《学术研究之谈话》一文中讲道:"一国美术之发达,非仅'开设学校'与派遣留学所能奏功,不得名师,学不足以大成;不见高贵之名画,而仅肄于学校,所得甚浅,此学校不足为力也……求美术之发达,只有建筑博物美术院之一法"。还是在这篇文中,徐悲鸿坦言"平生有两大志愿,其一为己,必求能成可自存立之画品;其一为人,希望能使中国三馆同时成立,一、通儒馆;二、图书馆;三、画品陈列馆"[①]。由此可见他对博物美术传播和构建的决心。所以在徐悲鸿的一生中,在不同的时间和场合,在他诸多的文章和言论中,关于博物美术馆的构建被反复论及。且随着自身阅历的丰富、艺术理念的成熟,在不同阶段,他对博物美术馆构建的设想和看法也呈现出不同的特点。

二、徐悲鸿有关博物美术馆观点的探析及其特点

(一)五四运动前夕,撰文论述博物美术馆服务大众的社会公共启蒙价值

1917年12月,游日归来的徐悲鸿,在恩师康有为的介绍和康有为大弟子罗瘿公

的推荐下，来北京谋求发展。于1918年初被时任北京大学校长的蔡元培聘请出任北京大学画法研究会导师。此时正是"五四运动"前夕，由沪抵京的陈独秀通过《新青年》等进步刊物，猛烈抨击封建思想，传播民主主义的新文化的理念。北大校园更是精英集聚、思潮奔腾。在北大，徐悲鸿找到了符合自己气质的理想氛围，思想也在新文化思潮中脱胎换骨。北大给徐悲鸿最大的影响，是把他从"绘画中国"引导到"现实中国"里来，他不再是一个书斋画家，不仅对于绘画技法，也对于自身民族历史命运产生了深深的忧虑，萌发出改变中国文化的革命思想。

1918年5月，年仅23岁的徐悲鸿在北大画法研究会上，就如何对待我国美术遗产的问题发表了他的国画改良观体系中最著名的观点——《中国画改良之方法》。同年同月，他与画法研究会23名会员一起参观了故宫文华殿收藏后，又发表了著名的《评文华殿所藏书画》一文。在此文中，他写到："各国虽起自部落，亦设博物美术等院于通都大邑，俾文明有所展发。国宝罗列，尤其珍重，所以启后人景仰之思，考进化之迹。独我中华则无之。可慨叹也！而于东方美术代表之国家，其衰也，并先民之文物礼器，历史之所据，民族精神之所寄之宝物，悉数而丧之，使糜有孑遗焉，不尤可痛耶！吾往来南北，所见私家收藏古件可万计，佳者固鲜，但生民憔悴，居吾旁者复以重利相啖诱，其存也亡也未可必。且嗜古之士，大抵均昔日治东方学者之遗继，自今收藏家子弟得与乃祖乃父同其笃好乎？自未可知，自可为物危也。虽然，吾后起者倘有幸能以世界之美术物饫我印象，以世界之自然物扩我心志，有所凭焉，讵患不能自立！特吾古国也，古文明国也，十五世纪前世界图画第一国也，衰落至一物无存焉，不当引为深耻耶？嗟何术矣！愿与吾同志发奋自振，请从今始。"②

纵观此文，我们不难看出，首先，徐悲鸿对建立博物美术院的意义有了明确的表述，"启后人景仰之思，考进化之迹""吾后起者倘有幸能以世界之美术物饫我印象，以世界之自然物扩我心志，有所凭焉，讵患不能自立"，即认识到博物美术馆服务大众、启蒙民智、培育国家观念、民族独立等公共价值。其次，他对博物美术馆的藏品也有独特的见地，即博物美术馆应有"国宝罗列""先民之文物礼器，历史之所据，民族精神之所寄之宝物"，并指出博物美术院的收藏与私人收藏的不同，前者"代表之国家"，后者则因个人爱好的差异和个人力量的局限而出现弊端。此外，关于建立博物美术馆事业，他明确表明态度："愿与吾同志发奋自振，请从今始。"

在此，徐悲鸿既强调了博物美术馆的国家和公共属性，又认识到其社会启蒙作用，体现了博物馆在我国早期传播时所呈现的特点。

（二）留法归来，重点强调博物美术馆的藏品建设及其对美术教学的辅助功能

1919年3月，在傅增湘的帮助下，徐悲鸿赴法入巴黎国立高等美术学院留学，成为当时中国公派留学美术第一人，直到1927年回国，在西欧度过八年的留学生涯。在这八年中，徐悲鸿最主要的事情就是到各大博物馆观摩学习，他在《自述》中如此写道："5月8日，抵达伦敦，由陈源陪同参观大英博物馆，见到各种艺术品和古代雕刻，再三赞叹。又在国家画院欣赏委拉斯开兹、康斯太布尔、透纳等杰作及其皇家会展览会作品，在此留一星期；5月10日渡英法海峡，转乘火车至法国巴黎。……舍馆既定，即往卢浮宫博物院顶礼……；课余，常到博物馆临摹名画，研究名美术流派的异同及精要……；1921年夏到1923年初，居德国柏林，凡晴天总往博物院或动物园作画，寒暑不辍；后赴瑞士和意大利，游览欧洲诞生文艺复兴三杰的艺术圣地……"③。此时的欧洲，博物馆美术馆的建设理念很重视观众的参与性,展陈方式很注意参观者的心理感受,博物馆变得更加普及、方便、有趣。

1926年,历经八年的卧薪尝胆、兼容并蓄和励精图治,学成归来的徐悲鸿站在中国的土地上,将推动我国美术馆建设、传播美术馆理念视为己任。他在《学术研究之谈话》中讲道:"予此行自欧东归,兼从事于劝建博物馆之运动"。其实,早在1925年秋,徐悲鸿已经将"劝建博物馆之运动"落在实际行动中。他曾劝新加坡华侨领袖陈嘉庚建美术馆,在他的《自述》中有详实的记载:"陈君豪士,沉毅有为,投资教育与公益,以数百万计,因劝之建一美术馆,昔语言不通,而吾又艺浅,未能为陈君所重。"④

在博物美术馆的藏品问题上,徐悲鸿认为范围要涉及古今,哪些值得收藏,哪些不该收藏,他都态度明朗,毫不含糊。

1927年,徐悲鸿发表《美术院初建时之收藏》一文,文中提议用部分庚款购买罗丹的作品,建议在中国建罗丹博物院,同时提出"意大利今健在之美术家如塑师Bistosfizari,其作不可一世,如有缘得其作品或副本,均足为本院之荣。"⑤

1929年,徐悲鸿在《惑》中,关于不能收藏什么的问题,他写道:如果政府能以"一千万元成立一大规模之美术馆,而收罗三五千元一幅之塞尚之画十大间(彼等之画一小时可作两幅),为民脂民膏计,未见得就好过买来路货之吗啡海洛因,在我徐悲鸿个人,却将披发入山,不愿再见此类卑鄙昏聩黑暗堕落也。"⑥

我国近代个人收藏偏重金石书画,而轻视工艺器具,徐悲鸿认为这样的艺术趣味会对文物和文献造成不可弥补的损失。他在《因〈骆驼〉而生之感想》一文中说:"国人之好古董也,尤具成见。所收只限于一面,对于图案或美术有重要意义之物,每漫焉不察,等闲视之。逮欧美市场竞逐轰动,乃开始瞩目,而物之流于外者过半矣。"⑦文中,徐悲鸿强调了"三代秦汉所遗之吉金食器""殉葬之俑兽器物"及花鸟画的重要性。他认为,这些人物群兽不仅"有奇姿好态",具备近代作品难以企及的艺术价值,而且能够用以考证"古人衣冠器用,车马服制"等,弥补古文献的不足。

如果说徐悲鸿前期的博物美术馆观点的形成是社会思潮的影响,那么正是这八年的留学生涯,使得徐悲鸿如许多留学生一样,直接体验、考察西方博物馆理念的发展与变革,并直接受益,从而使得他对博物美术馆建设观念进一步成熟,对藏品的认识,对博物馆的功能都有了自己独特的见地。而这些来自自身经验且理性的见地有利地促进了我国近代美术馆的建立及发展。

难能可贵的是,这个时期的徐悲鸿除了对博物美术馆的藏品有着系统独到的见地外,他还注意到美术馆对美术教学的功能。西方博物馆与大学教学的关系源远流长,徐悲鸿站在美术教学的角度大力倡导美术馆建设。

在《中国今日急需提倡之美术》一文中,他明确地表达了自己的观点:"国家唯一奖励美术之道,乃设立美术馆。因其为民众集合之所,可以增进人民美感;舒畅其郁积,而陶冶其性灵。现代之作家,国家诚无术一一维持其生活。但其作品,乃代表一时代精神:或申诉人民痛苦,或传写历史光荣,国家苟不购致之,不特一国之文化一部分将付阙如,即不世出之天才,亦将终致湮灭,其损失不可计偿。故美术馆之设,事非易易,鄙意先移其责于各大学,及国立公立图书馆以法令规定,每一国立大学或图书馆,至少每年应以五百金购买国中诗家、画家、书家作品或手迹;视为重要文献,而先后陈列之,庶几近焉。"⑧在《学术研究之谈话》一文提出:"一国有美术博物院,凡系上帝赋予之天才,均得有所表现"。此外,他"欲振艺,莫若惩巧;惩巧,必赖积学……是国家博物院之设,名作之罗致。诚不容缓也"⑨的观点,指出观赏临摹名作对肃正学风、开拓创新的作用，进一步肯定了美术馆藏品建设对辅助教学功能的重要意义。

（三）欧洲巡展，认识到美术馆与画展对促进中西文化交流、对中国美术事业发展的重要意义

20世纪30年代，中国在许多欧洲人的心目中，还是一个任人宰割的无知形象。有感于外国人对中国艺术的迷茫，徐悲鸿决定前往欧洲举办中国美术展览会。1933年至1934年，他先后在法、比、德、意、苏联举办中国画展，大获成功，轰动了西方艺坛。此次画展在文化和政治层面取得双重效用，徐悲鸿带给西方人的不止是让他们耳目一新的东方绘画，还有中国人的民族自信心。这正是徐悲鸿向世界表明的一种骄傲。

作为美术家及策展家，此时的徐悲鸿认识到美术馆与画展对促进中西文化交流、对中国美术事业的发展有着重要的意义。

他在《在全欧宣传中国美术之经过》一文中写道："吾此次出外举行中国画展，曾在世界最文明之法、比、德、意、俄五国展览七次，成立四处'中国近代美术专室'于各大博物院及大学；总计因诸展及而赞誉中国文化之报章杂志逾两万万数千万纸；法西斯蒂之意大利，共产主义之苏联，皆竭诚接受此无烟无声，有主张有力量之利器……"⑩。认为美术展览有"无烟无声，有主张有力量之利器"的强大作用。

他对中国缺失美术博物馆的现状痛心疾首，还是在《在全欧宣传中国美术之经过》这篇文章中，他写道："我又忆及一最感动之事，俄国人屡次问：'贵国有多少美术馆？如此有悠远历史之文明古国，美术馆之设备定比我们无产国家好。'我诚非常痛苦，只得含糊敷衍！俄国美术院规模之宏大，设备之精美，绝不亚于英、法、意、德诸邦，且觉过之。而我中国可怜，民众所需之美术馆，国家从未措意，惟有岁糜巨款，说办文化事业。白日见鬼，连一个国家美术馆都没有……"

所以，回国之后，他更加积极地奔走呼吁筹建美术博物馆，尤其是能够在对外文化交流中起到重要作用的国立美术馆。在不同地点的多种场合中，他多次直言不讳地表达了筹建美术博物馆的观点。

在《对<世界日报>记者谈话》一文中，徐悲鸿如是说："在目前的中国，不应当提倡美术，而应当办美术馆，因为提倡美术，必须要办美术学校，一个美术学校，若造就一个美术家，自非短时内所能办到者，而一个美术馆，能普遍的养成国民对于美术的兴趣，因为中国社会，过去对于研究绘画者，为末技之流，漠然视之。"⑪

在《对<朝报>记者谈话》一文中徐悲鸿如是说："我国在文化方面年费数千万元，但国立美术馆迄今尚付厥如，且亦无人注意及之，殊为极大之遗憾。本人年前出国，不但各国皆有此项设备，且均异常讲究，故回国后即向政府提议在首都建筑国立美术馆一所，盖以地广物博，且又拥有数千年优越之文化历史之古国，对于此种发扬文化之设备，诚不可缺。讵奈当局咸心有余力不足之感。"⑫

也是在这次谈话中，徐悲鸿明确表示愿以一己之力筹建美术馆："本人为我国艺术界之前途计，现拟以己之力，向各方奔走而筹募美术馆之基金（预算约十万元）。如美术馆能早日完成，则各国名画展览，即拟在该馆内举行。"

此外，徐悲鸿在1947年发表《世界艺术之没落与中国艺术之复兴》一文，反复强调建美术馆的重要性："……真能帮助艺术进步的，莫过于美术馆了。任何文明国都市，都有美术馆的设立，所以陈列古今美术品亦用以鼓励新进作家。各国用以考验人民文化程度，此亦为其一端，惜乎我国人已知图书馆的重要，独未尝感觉美术馆的重要，图书馆之灌输知识，美术馆陶养性情，功用是相等的……我可以答至少一半的群众是喜欢的，否则不成其为文化城之市民，然则何不急急办一美术馆呢？"⑬

徐悲鸿认为展览交流能促进中国美术事业的发展，而展览所需的专业场地，即美术博物馆的建设情况直接影响展览的规模、效果、社会影响力及艺术家的热情。

在《中国美术会第三次展览》一文中，他指出："人人皆期美术陈列馆于最近期内出现。一般作家，皆将杰作暂时秘藏，留以有待。故此次重要作家，均乏重要出品。盖华侨招待所，虽为首都惟一展览场所，其因陋就简态度，实在高而不明……"⑭。

而解决这个情况的方法，他在《世界艺术之没落与中国艺术之复兴》中指出："公家美术馆办的像样，私家的宝贵收藏，自然就会向那里捐出，看郭世五先生向故宫博物院所捐收藏历代名瓷，以及傅沅叔先生将他校勘的藏书凡四千部捐入北平图书馆，是其明证。"⑮

在文化与政界有识之士的共同努力下，于1936年建成的江苏省美术馆，成为中国第一座国家级美术馆，也是中国美术馆事业发展的开端。然而该馆命运多舛，1937年日军占领南京后，美术馆被挪作他用。于徐悲鸿而言，国立美术馆的建设成为一个望尘莫及的愿景。理想遭遇现实掣肘的无奈，也勾勒出中国近现代博物美术馆事业的发展轨迹。

三、徐悲鸿关注博物美术馆建设成因探源

从藏品的收藏保护、教育科研到博物美术馆展览交流功能的认识，徐悲鸿有关博物美术馆构建的理念显然是经过考察、论证、思考的结晶，而不是在参观过程中的一时兴起。徐悲鸿的一生，几乎勾连着一部中国近代史和当代史，他有关博物美术馆构建思想的产生及形成离不开他所生存的时代背景、生长环境、个人经历的影响。

（一）"五四"新文化思潮的影响

徐悲鸿的一生，尤其是他的青少年时代，正是神州大地寰宇纷扰之时。如前所述，晚清时期的"洋务运动""维新变法"拉开中国近代社会思想启蒙的序幕，而"学习西方文化，追求民主与科学"的"五四运动"、新文化运动，则把中国现代思想启蒙推向深入。"五四运动"时期，国内关于建设公共美术馆的呼声日渐强烈。1918年初，年仅23岁的徐悲鸿被蔡元培聘为北京大学画法研究会导师。此时正是"五四运动"前夕，由沪抵京的陈独秀通过《新青年》等进步刊物，猛烈抨击封建思想，传播民主主义的新文化的理念。在精英集聚、思潮奔腾的北大，徐悲鸿找到了符合自己气质的理想氛围，思想也在新文化思潮中脱胎换骨。一生坚持"五四"精神、坚持艺术至上、艺术救国、教育救国的徐悲鸿，也是此时发表了《评文华殿所藏书画》一文，在文中，表达了他筹建美术馆，尤其是国家级美术馆的构想理念。

（二）康有为、鲁迅、蔡元培等进步人士的影响

徐悲鸿的老师康有为，是近代中国最早提出博物馆建设构想的先驱之一。在"维新变法"时，康有为就把创办博物馆作为新政的内容之一，得到光绪皇帝的采纳。此外，他还身体力行，在青岛居住期间将自己收藏的文物珍品以私人博物馆的方式呈现，以期启发民智。变法失败后，他在海外游历16年，创作《欧洲十一国游记》，向国人分享欧洲见闻。在游记中，他建议中国也要重视城市文化遗产的保护，向欧洲学习，建设博物馆，保护中华民族的文化遗产；在《保存中国名迹古器》一文中，建议对翰林院、国子监进行改革，与国际接轨，把这些地方活化为图书馆、博物馆，变为公共文化服务机构和设施；他在《物质救国论》一文中，建议博物馆内不仅要展示文化遗产，还需

要关注先进的工业制造。徐悲鸿对鲁迅的推崇由来已久，他曾把鲁迅先生的"横眉冷对千夫指，俯首甘为孺子牛"的语录录写成两副对联，一副贴在北平艺专教学楼的大厅内，一副挂于自己的书房，晚年时还曾创作《鲁迅与瞿秋白》。而在博物美术馆的构建的呐喊中，鲁迅也是身先士卒，1913年，他就撰文《拟播布美术意见书》，提出"当就政府所在地，立中央美术馆，为光复纪念，次更及诸地方"。北大校长蔡元培也多次论及公共美术馆与美育的关系，他在《在北京通俗教育研究会演说词》一文中提出"如美术馆、博物院、展览会、科学器械陈列所等，均足以增进普通人之智德，而所费亦皆不甚巨"。

这些人的观点，对徐悲鸿的影响十分深远，故徐悲鸿在《评文华殿所藏书画》一文中便有"各国虽起自部落，亦设博物美术等院于通都大邑"的视野。而此文发表一年后，北大学生首先发起"五四"爱国运动，足见其文中用公共美术馆服务大众、启迪民智的构想背后所蕴含的新文化思潮的烙印。

（三）游学日本和西欧，学术构想初步建立

1917年5月，徐悲鸿去日本留学。在此期间，徐悲鸿与日本画家中村不折交往甚密。中村不折本人对建立国立博物馆有极大热情，1915年他在报纸上呼吁建立国立博物馆，由国家设置发表美术作品的场所，保管并展出流传下来的书画。后来，徐悲鸿在《日本文展》一文中提出"日人之美术学校，位置于上野公园，与博物馆、动植物园为邻，就实参考，乃是彼之合乎世界进化原理者也"⑯的观点，可以看出，他不仅留意了东京帝室博物馆的建制、构造及其所办展览的各项信息，还格外留意了博物馆辅助美术教育的功能。这些经历无不为徐悲鸿的美术馆构想提供了直观的考察经验。

四、结束语

任何一种观念的产生、发展，都离不开主、客观因素的影响。徐悲鸿，这位从乡村到都市、从东方到西方、从晚清到民国再到新中国、从中国画坛到世界艺坛，经历如此复杂的历史人物，他的博物美术馆构建思想的产生及形成，是多个因素的结果。作为一个正直、爱国、有担当的知识分子，徐悲鸿为博物美术馆奔走呼号，并在我国内外交困的特殊年代，为其理想锲而不舍地惨淡经营。他的美术馆构想既有拯救世风、启迪民智的理想性，又有打破传统、转藏为用的革新性。但毋庸置疑的是，作为中国美术馆事业最锲而不舍的先行者之一，他在人生的各个阶段都曾尽己所能地推进着这项公共事业的发展。

---

① 徐悲鸿：《学术研究之谈话》，王震编：《徐悲鸿文集》，上海画报出版社，2005年，第11页。

② 徐悲鸿：《学术研究之谈话》，王震编：《徐悲鸿文集》，上海画报出版社，2005年，第1页。

③ 徐悲鸿：《悲鸿自述》，徐庆平编：《奔腾尺幅间》，百花文艺出版社，2008年，第10页。

④ 徐悲鸿：《悲鸿自述》，王震编：《徐悲鸿文集》，上海画报出版社，2005年，第36页。

⑤ 徐悲鸿：《美术院初建时之收藏》，王震编：《徐悲鸿文集》，上海画报出版社，2005年，第17页。

⑥ 徐悲鸿：《惑》，王震编：《徐悲鸿文集》，上海画报出版社，2005年，第23页。

⑦ 徐悲鸿：《因〈骆驼〉而生之感想》，王震编：《徐悲鸿文集》，上海画报出版社，2005年，第56页。

⑧ 徐悲鸿：《中国今日急需提倡之美术》，王震编：《徐悲鸿文集》，上海画报出版社，2005年，第56页。

⑨ 徐悲鸿：《与〈时报〉记者谈艺术》，王震

编：《徐悲鸿文集》，上海画报出版社，2005年，第14页。

⑩ 徐悲鸿：《在全欧宣传中国美术之经过》，王震编：《徐悲鸿文集》，上海画报出版社，2005年，第67页。

⑪ 徐悲鸿：《对〈世界日报〉记者谈话》，王震编：《徐悲鸿文集》，上海画报出版社，2005年，第73页。

⑫ 徐悲鸿：《对〈朝报〉记者谈话》，王震编：《徐悲鸿文集》，上海画报出版社，2005年，第72页。

⑬⑮ 徐悲鸿：《世界艺术之没落与中国艺术之复兴》，王震编：《徐悲鸿文集》，上海画报出版社，2005年，第138页。

⑭ 徐悲鸿：《中国美术会第三次展览》，王震编：《徐悲鸿文集》，上海画报出版社，2005年，第80页。

⑯ 华天雪：《徐悲鸿的日本"观光"之旅》，《东方早报》2014年1月6日第4版。

（作者单位：徐悲鸿纪念馆）

（上接第92页）

⑫ 赖睿：《徐悲鸿绘就民族精神》，《人民日报》海外版，2018年2月1日第12版。

⑬ 徐悲鸿：《中国艺术的没落与复兴》，见徐建华编：《为人生而艺术——徐悲鸿自述》，文化艺术出版社，2015年，第144—145页。

⑭ 林逸鹏：《徐悲鸿艺术思想的内核——科学精神》，《南京师大学报（社会科学版）》2006年第6期。

⑮ 王文娟：《徐悲鸿 借美术教育改造国民精神气质》，《中国教育报》2017年5月18日第6版。

⑯ 徐原子：《对中学美术与音乐教学融通性的研究》，《全国教育科学学术科研成果汇编》（2017年），第653页。

⑰ 徐悲鸿：《中国艺术的贡献及其趋向》，见徐建华编：《为人生而艺术——徐悲鸿自述》，文化艺术出版社，2015年，第115—117页。

⑱ 杨先让：《徐悲鸿艺术历程与情感世界》，齐鲁社，2010年，第30页。

（作者单位：徐悲鸿纪念馆）

浅谈共享经济概念下的中小博物馆发展

张 磊

2018年5月18日是第42个国际博物馆日，主题为"超级连接的博物馆：新方法、新公众"。而近年来，我国博物馆事业蓬勃发展，截至2016年底全国仅向社会免费开放的博物馆就达到4246家，占全国博物馆总数的87.1%；年举办展览超过3万余个，参观人数约9亿人次。博物馆在传承中华优秀传统文化、弘扬社会主义核心价值观方面发挥的作用更加突出，因而"新公众、新方法"在当下尤为值得关注和讨论。

博物馆事业的发展与中国社会经济的高速发展密不可分，高速发展的经济为博物馆发展带来更好的资源配置，同时，新时代"共享经济"的概念也对博物馆日益产生影响。换言之，"共享"概念及其产生的诸多新模式，为包括博物馆事业在内的各行业发展带来了契机和新方法。

作为博物馆的青年从业者，笔者关注本次国际博物馆日的主题，同时关注到博物馆日当天国家文物局局长刘玉珠"如何探寻文博工作的新方法，与抓住新公众的视野，是未来所有中国文博事业工作者的重中之重"的表态。如何探寻博物馆工作的新方法、吸引新公众，对于博物馆特别是数量众多的中小博物馆尤为重要，这一探索或许将对更好地传承我国优秀历史文化、弘扬社会主义核心价值观产生有效影响，已成为中小博物馆探寻和研究的课题。

一、"共享经济"的概念及其特点

"共享"的概念早已有之，如书刊的借阅、信息的共享，包括邻里之间互借东西，都是一种早期经济资源形式的共享。而新时代下，"共享经济"的概念有着更广泛、更深刻的意义和应用。"共享经济"最早由美国德克萨斯州立大学社会学教授马科斯·费尔逊和伊利诺伊大学社会学教授琼·斯潘思于1978年发表的论文Community Structure and Collaborative Consumption: A Routine Activity Approach中提出，一般是指以获得一定报酬为主要目的，基于陌生人且存在物品使用权暂时转移的一种新的经济模式。整合线下的闲散物品、劳动力、教育医疗资源等，实现资源的合理再分配，其本质就是共享经济。而更重要的是广义层面的共享经济，它以一种大胆独特的方式改变了人们的消费行为习惯，实现了对闲置资源整合及剩余价值的再利用，共享经济产生的影响已蔓延到各个行业甚至更广泛的区域。

"共享经济"在社会经济发展中的实践，有以下特点或优势：一是共享经济的出现极大丰富和方便了人们的生活；二是对于企业，尤其是互联网公司来说，不仅可以通过互联网参与共享经济获利，还可以通过整合闲置资源为自家产品引流；三是共享经济有利于社会环境的优化；四是共享经济还促进了政府的管理思维发展。因此，"共享经济"已为包括经营管理在内的种种经济活动搭建起了一个由第三方创建的、以信息技术为基础的平台。

"共享经济"概念影响着人们的消费行为习惯及行业或区域的资源共享，对闲置资源再利用（包括管理和物质资源及价值），已取得社会效益和经济效益的实践，如共享单车、共享充电宝等。在博物馆事业经营管理实践中，也可称为"共享文化"或"共享博物馆"。以下笔者将针对"共享"概念在博物馆行业中的新应用、所面临的问题及相关方案，试做归纳和分析。

二、"共享经济"概念在中小博物馆经营管理中的应用

（一）当前我国中小博物馆面临的问题

1. 缺乏资金投入，难以满足观众更广泛的精神文化的需求

由于行业内一直更多注重于综合类大馆的设施建设与运营支持，国字头、省级综合类博物馆每年的运营经费往往都有足够的资金保障。而中小博物馆则不同，经营管理及人、财、物投资有限，有的仅限于维持开放，有的甚至没有文物征集或修缮经费，文物藏品缺乏保管的基本条件。

2. 缺乏优质行业资源，难以形成品牌效益

中小博物馆所严重缺乏的行业资源包括两大部分，一是优秀的服务人员、专业基层骨干，二是"明星"级别、具有较大影响的藏品。由于中小博物馆所藏文物普遍单一或数量少、展品等级低或为复制品，且馆址基础设施陈旧，专业人员数量严重不足、展品资源缺乏，造成中小博物馆难以形成自身的品牌，存在社会影响力低、观众数量少、文化市场开发难等现象。

鉴于上述问题在中小博物馆发展的过程中长期存在，在当前形势下，探索新模式、新方法，抓住新观众，借鉴"共享经济"概念，以新的思维方式、操作模式促进博物馆特别是中小博物馆的发展，有其必要性。

（二）"共享经济"概念为中小博物馆进行文化共享、塑造文化品牌提供新方法

目前，京津冀地区约有200家以上的中小博物馆，包括笔者所在的正阳门管理处。这些中小博物馆各具特色，有本馆独有的特点、文化，但依旧面临着中小博物馆普遍存在的问题。借鉴"共享经济"概念，使中小博物馆找到独特的优势与新的传播手段，还可帮助中小博物馆在基层文化建设上扬长避短，甚至与区域内的大型博物馆共同成为区域文化的引领者。

1. 行政区域或单位资源的文化资源共享

将现有各个中小博物馆的资源进行有效筛选、重组，其本质在于将各博物馆线下的资金、人员乃至线上的馆藏资源整合，并从中寻求新的创意点，集中各博物馆综合资源优势，集中展现不同历史阶段、传统文化的风貌，最大程度地获取最佳社会效益或经济效益，达到弘扬历史文化、传承历史文明的教育目的。

2017年5月17日，首都博物馆、天津博物馆、河北博物院等9家博物馆在北京正阳门举行"燕国达人"品牌共享与市场推广签约仪式，活动涉及京津冀三地博物馆、旅游会展与新媒体行业，是从"共享经济"概念的应用到实践创新迈出的第一步。京津冀三地历史渊源深厚、交往半径相宜，具有协同创新发展的政治、历史、文化的良好优势，自古以来就有"合纵连横"的地缘政治与文化合作的传统，这为三地博物馆提供了良好的政治文化资源基础。在此基础上，三地中小博物馆深挖共享历史、政治、文化内容，共建历史、政治、文化合作平台，设计出"共讲燕国故事"主题，各馆自选代表性历史、政治、

文化、文物展品，依据文化元素，拟人化设计成卡通代言人，并联合开展"燕国达人主题游"活动，开展"游学""研学"活动。通过开展品牌推广活动，整合了三地有价值资源，改变了博物馆和观众展示参观的行为习惯，体现了品牌原创与跨界、共建与共享的运行模式，统筹文化事业合纵、文化产业发展和整合旅游资源开发，初步实现了共享经济的发展理念，更适应了当前京津冀协同发展的战略思想。

除区域性文化资源外，经济层面的共享资源也有可参考的范例：2016年，国家文物局公布了全国博物馆文化创意产品开发试点单位名单。作为首批国家级文创开发试点单位，南京博物院牵头成立了江苏省博物馆商店联盟，并注册"博苏堂"品牌，加盟商店已达30余家。联盟整合全省博物馆商店资源，形成新型的、一体化的江苏省博物馆文创产业平台，通过共享文创资源、共同设计开发、整合销售渠道、打造特色品牌，携手做大做强江苏文博文创产业，在传承优质文化的社会效益上和销售创新收益的经济效益上，具有现实的指导意义。

2. 服务对象资源共享，满足和提升不同人群的文化需求

随着经济发展和市场的日益成熟，市场的划分越来越细，每项服务都要更精准地面对不同群体的需求。博物馆作为功能性社会服务行业，应根据每个展览项目和服务选择不同的目标对象。只有确定了服务对象，才能有针对性地开展服务及相应的经营活动并获得成效。

现实中，中小博物馆展品少、亮点少的困境往往使其策展活动难以展开，而最大的阻碍就源于对目标对象地位、层次的不确定，即无法确定服务对象是否愿意来看、是否喜欢看。而如果能够共享服务对象资源，由大数据对以地域、年龄、兴趣、动机、教育程度和文化背景作为数据指标划定的服务对象进行分析，得出每个博物馆精准的服务对象，确定和调整策展内容及工作效益等基础性工作，使博物馆工作者可以轻松地获取服务对象内在需求，从而使策展活动事半功倍。

如以地域为分类指标，可以把观众分为基本观众、旅游观众和外国观众。对基本观众来说，除了解自己城镇的历史文化和自然环境外，还希望了解外部世界、了解当代社会的新成就。在参观了反映本地情况的陈列之后，他们会将兴趣主要集中在临时展览、巡回展览和交换展览上，比较重视陈列内容的变化和更新。对国内和国外的旅游观众来说，他们感兴趣的是该地的历史渊源、地方文化特征、民情风俗和土特产等。尤其对外国观众，浓郁的地方文化特色是最具魅力的。

共享服务对象资源的数据分析，不仅仅限于满足服务对象的当前需求，对服务对象提升需求的愿望也能提供数据支持。就中小博物馆的具体工作而言，就是提高自身服务质量，有针对性地满足服务对象（参观者）的需求，而这也是中小博物馆的优势，即部门划分细化、结构简单，能充分调动各个部门协调合作，从而提供高质量、个性化的服务内容。

在瑞士日内瓦，有一座名不见经传的小博物馆——摩登斯特维京馆，没有太多的文物资源、明星展品，而一位耄耋老人却是博物馆的常客，原因是这家博物馆展出的一套精美首饰曾为这位老人的祖母所拥有。老人祖母在二战时期举家来到瑞士，为了生计把首饰变卖，几经辗转，最后收藏于该家博物馆。老人每次来看展，是为了来缅怀那段艰苦的日子。由于老人行动不便，来参观的路途遥远，为了使其有足够时间与展品"叙旧"，经过协调，博物馆决定每月15日延期闭馆一个小时，而老人为感恩这一举措，也义务充当讲解员，通过家族变迁亲自讲述那段历史。这一小小的改变，竟然为该博物馆带来了极大的声誉，被誉为欧洲最晚闭馆的博物馆，此后参观者络绎不绝。如果该博物馆只满足于观众的常规需求，是很难想到通

过改变、通过完善自身服务满足服务对象更深层的需求，也就不会有之后日益蓬勃的发展。

此外，提升教育资源的整合程度也是博物馆社教工作应该注重的议题。我国于2015年施行的《博物馆条例》中把博物馆的三大目的做了序次调整，把教育提到了首位，博物馆变"课堂"将会是未来发展的首要任务。

《人民日报》2015年11月11日《博物馆教育，如何把观众变用户》的报道中介绍："在国外，博物馆一般是学生的第二课堂，与学校的联系十分紧密。据悉，卢浮宫每年接待的学生团体在所有游客中占比巨大，为学生提供教育也是卢浮宫的优先事项。为此，卢浮宫特意根据不同类型藏品内容为幼儿园、小学、初中等不同年龄层的学生设计了10条教学路线，整合了藏品资源，分不同的服务对象，提供不同的展览内容和游览项目。以2014年为例，67.5万学生、2.7万个学生团体参观了卢浮宫。"可喜的是，目前国内博物馆界已把教育功能放在了重要位置。除积极吸引众多的大中小学校学生参观博物馆外，还深入社区针对社区居民等开展巡展。如人民网2018年5月18日《博物馆如何找到新观众》报道中介绍，由西北师范大学敦煌学院动画系学生团队发起的文创项目《睒子本生》日前与观众见面。该项目通过手工绘制临摹、动画等方式将莫高窟内的敦煌壁画"搬"进校园。

北京地区博物馆开展进社区、进学校巡展工作也已多年。各博物馆根据年度工作安排，整合各类博物馆文物藏品或图片，到社区，到学校，针对不同观众，开展国学、北京历史沿革、传统建筑、北京建城史、北京传统文化等方面的教育，如：北京市正阳门管理处到北京半步桥小学、新街口街道社区举办"前门历史文化展"及讲座；北京辽金城垣博物馆在首都医科大学附属小学举办"中国古代纺织图片展"；孔庙和国子监博物馆走进府学小学与国子监社区举办传统礼仪文化讲座；北京市古代钱币展览馆在北京十三中分校开展"中国古代钱币文化"巡展及北京古代建筑博物馆到部队和矿业大学社区开展古建主题文化讲座等，不断提升不同服务对象的文化需求，取得了较好的社会反响。自2014年起，北京市小学高年级和初一、初二年级学生已将10%的课时用于学校课堂以外的社会资源单位，博物馆事实上已成为社会教育的重点场所。

但是，博物馆与社区、学校建立合作关系，因课程设置及实际国情的原因，有时也出现不顺利的现象。今后，博物馆在与社区、学校的合作上还要加强联系，才能更好地提升教育资源共享程度。

3. 媒介资源共享，提升博物馆品牌效应

随着互联网、移动互联网的普及，当代受众的媒介终端也逐渐从电视、纸质媒介变化为智能手机、平板电脑、电子书、MID（Mobile Intercourse Device）等。对于中小博物馆而言，新兴媒体的出现大大降低了媒体投入的费用，如能与相关政策、时机相结合，可以减省大量费用，且通过新兴媒体的推动，能更好地塑造中小博物馆独特的品牌。

2018年，为了宣传正阳门历史文化，由笔者实地组织策划，与北京电视台青年频道《国际双行线》栏目合作对正阳门历史文化进行报道。节目播出后创收视率新高，超出同时段其他节目收视率近3倍。之所以开展此次活动，是看重《国际双行线》是北京电视台一档大型国际性谈话类媒体栏目，这与博物馆潜在观众高度契合，真正意义上达到品牌互助。与此同时，借助互联网力量，为推动北京市中小博物馆数字化建设，笔者还参与并完成"数字博物馆精品展微传播项目"。该项目的上线，可以使大众通过互联网就可以轻松获取博物馆介绍、展品讲解、服务信息等内容。

4. 共享第三方技术平台，拓宽博物馆

展览展示视野，创新博物馆展览展示的新方法

由商业机构、组织或政府部门第三方创建、以信息技术为基础的技术平台，作为"共享经济"模式中最为重要的组建模块，是目前我国中小博物馆发展较为缺失的一环。实践中少有政府组织或商业机构参与构建，也没有可以操作分析的实际案例出现，但我们依旧可以从其他"共享"现象或行业发展过程中，得到充实有力的案例支撑。

广东省博物馆作为国家文物局"智慧博物馆"试点单位之一，数字化管理系统里已建成13个子系统，在功能上整合了博物馆行政管理、信息数据库、藏品管理系统、展览设计辅助系统、观众服务等综合资源。经过近些年的努力，博物馆在文物信息的采集上也积累了包括文本和图像信息在内的大量数据，并在新媒体技术上寻求突破，在利用移动互联网和社交媒体服务观众方面也积累了一些成功经验。从2017年6月到2018年6月，重点打造智慧服务系统和观众数字化管理系统——"智慧粤博"，其塑造观众参观体验的APP整合了博物馆的服务资源，能实现参观博物馆的智能导览，通过对观众进行实时定位，为观众的参观需要推荐最佳路线，并能实时导航，把观众带到想去的展馆。系统中还整合了信息分享资源，如拍照、评论等，满足了观众的多样化需求。"智慧粤博"管理系统结合博物馆票务管理、观众管理、预约等实际需求，应用物联网、大数据、云计算、移动互联等技术，汇集多源观众属性数据和行为数据，构建观众数字化管理中心，促进线上与线下的服务深度融合，创新集采集、分析、服务一体化的服务模式，建立观众服务评价体系，取得了一定的社会效果。其后，对不同时期、不同单位建设的"智慧粤博"管理系统整合，继而建成的移动LBS(Location Based Services)服务管理平台，实现了进一步的系统再整合。

LBS形态的服务模式如应用在中小博物馆的经营管理中，既可以使原本"各自为战"、信息交流闭塞、缺乏投入与资源储备的中小博物馆，通过平台的信息交流共享实现交换共享闲置资源，又可以分享各自经营管理的理念、经验，甚至能就某个展览项目向企业筹集资金，从而根本上实现各个中小博物馆的相互对接，实现最优匹配，也可以与社会文化经济深入融合，通过网络预定博物馆门票、购买博物馆商品等拉动中小博物馆的经济增长。

在行业跨界合作方面，通过IP合作开发平台，中小博物馆也可获得有效启迪，如可将文物的IP做成衍生品，包括动漫衍生品、游戏衍生品、影视衍生品等众多领域。掌握文物资源的博物馆向各类设计机构、企业、品牌厂商、文化艺术衍生品发行商等提供馆藏文物IP进行开发合作，既能让馆藏文物"走出"博物馆，又可以通过商业化的运作及IP深度开发，为合作品牌、商家提供多种形式的中国传统文化IP合作，协助商家产品差异化，提升品牌特性，助力企业产品、品牌升级。

例如，2016年，腾讯与故宫博物院在故宫端门数字馆举办"腾讯NEXT IDEA×故宫"发布会，宣布建立合作伙伴关系，开展长期合作。此次合作以"NEXT IDEA腾讯创新大赛"为平台、故宫博物院经典IP形象或相关传统文化内容为原型，围绕赛事主题、跨界合作和创新人才培养等方面，探索传统文化IP的活化模式。通过结合线上的平台资源，让这种以创新方式保护、传承传统文化的理念和实践获得更广泛的传播，形成再一次更大范围的文化辐射，推动行业新人、从业者与传统文化的深度交流，寻找更多具有创意的团队和项目。通过和故宫IP的有机结合，在激发参与者创新创意、遴选优秀人才的同时，也对中国传统文化的推广做出贡献。

(下转第116页)

北京近年出土漆器现场起取保护方法简述

董育纲

北京近年来，在几处考古发掘现场发现了漆器。这在一般的小型墓葬中是少有的发现。首先，大兴城区西北边缘的三合庄村，清源路以南、兴旺路以东、兴业大街以西这片区域之下，沉睡着从东汉至辽代的墓葬。此次发掘清理的古代墓葬，囊括了东汉、北朝、唐代、辽代等朝代的墓葬。墓地延续时间长、年代跨度大，墓葬数量多，墓葬形制种类完好。在部分唐代墓葬中发现有漆器，漆器又以漆盘、碗为主，唐代漆器的发现为北京地区所罕见。在这之后，北京城市建设考古发掘现场中又相继在墓葬中发现漆碗、漆盘作为墓主人的陪葬品。

北京房山琉璃河西周遗迹在20世纪80年代就曾在考古发掘中发现漆器，后经研究确认，琉璃河西周燕国贵族墓地出土的这批漆器，其胎骨均为木质。漆器出土时，虽胎骨已朽，原器变形较严重，但漆皮与蚌泡仍附着于泥土之上。从漆皮所显示的形状来看，能辨认出的器型有豆、觚、盘、罍、壶、簋、杯、俎等，还有一些器型有待于再研究。后经中国社科院考古研究所文物修复专家根据出土的现场遗迹进行了变形器测量、恢复原图的工作，根据掌握的资料复原了其中的漆豆、漆觚、漆罍（图一）。老山汉墓发掘中，发现了大型朱漆彩绘漆案、精美的漆器残片，在北方地区考古中较为罕见。北京地区出土的漆器文物还有金陵出土的彩绘漆棺、丰台大葆台西汉燕王墓出土的大型漆棺及漆艺器皿、元大都遗址出土的元代嵌螺钿"广寒宫"黑漆盘残件。

一般的墓葬在经过几百年甚至上千年容易发生变化。尤其在北京，四季分明的气候变化也使得地下环境随地上变化而变化。在墓葬埋藏区受历史上永定河泛滥的影响，墓葬之上淤积了大量的泥沙，致使在考古发掘中所发现的墓葬基本已被后代的泥沙灌满。出土的有机质文物大多均已腐朽呈现土壤状态，这些文物在出土时的保护处理中首先应控制埋藏环境温湿度变化。因墓葬之上淤积了大量的泥沙，棺材一般很快就在墓坑内被压塌，而陪葬品也随墓坑内的塌陷被进来的水冲乱或被渗水后留下的土及其他物品挤压、叠压放置而掩埋在墓土里。

在考古发掘中，当在逐层发掘时发现疑似重要的遗迹、遗物现象后，就会立即通知文物专业保护人员到场做现场技术保

图一 根据琉璃河西周燕国墓地出土资料复制的漆罍

取后的变化，防止文物的收缩开裂，文物表面附着的颜料、漆皮的起翘乃至脱落，选择可以采用的起取方法。考古发掘现场文物保护是一项复杂的工作，面对的出土文物不是一件简单的物品，而是一件承载着历史文化、时间与空间改变的珍品。因而对一件文物出土前的现场保护须制定保护方案：1.评估埋藏条件，包括密封性如何、埋藏环境的湿度及水文的变化；2.确定可能采取的保护修复技术；3.选择适用的保护修复材料；4.制定完善的现场保护技术路线。实施这些措施，以防文物出土后遭到损害。重要的出土文物现场保护要有现场保护的档案记录，这是出土保护的第一手档案资料，也是为今后更为科学合理地保护修复与研究提供的第一手资料，应尽可能地记录出土文物在现场保护处理前、处理中和处理后的过程。

图二　在起取前对漆器周边的墓土进行清理

图三　清理后的小型砖室墓，红线内为漆盘发现的区域

护工作。文物保护专业人员进入现场后，对发现的遗迹、遗物进行现场技术保护，对现场遗物进行清理或对遗迹及周边的杂土进行清理（图二、图三），并采集重要遗留物品进行科技考古的物品分析，建立有科学分析和科学检测的数据库。在采集工作完成后进行现场起取。首先要加固，就是对所发现的遗迹或遗物现场固定。对于酥粉严重已无法保存原状的遗迹或遗物，应对酥粉严重的部分进行化学及物理的加固保护。考古发掘出土文物的现场起取，由于在田野考古发掘中出土遗迹、遗物非常复杂，它们出土时的保存状况又因为埋藏环境的差异而变化很大，因此，在严格按照田野考古操作规程、遵循普遍认同的文物保护科技的基本原则以及执行出土文物现场保护的操作规范基础上，还必须从实际情况出发，因地制宜，做好出土文物的发掘现场提取工作。

对于有保留价值的遗迹、遗物而进行的起取工作。现场起取文物在出土时的保护处理中应首先控制埋藏环境温湿度与起

一、传统的漆木器的现场起取保护方法实施

在一般正常的现场起取保护方法为：1.漆木器出土之后应立即进行摄影及色彩的记录工作。2.起取漆木器时，应双手靠近漆器底部的位置轻轻用力，使器物与底部的连接基础物脱离，并用双手托起放到垫有海绵等缓冲物的木板上，再从墓坑内运出。小型的器物可一人操作；大型器物可多人操作，要以一人为主，其他人配合。当器物与底部的连接基础物脱离时，将器物一边倾斜，在倾斜处插入木托板，器物经由木托板放入已准备好的木箱进行填充，做好记录、标签，再从墓坑内运出，进入临时整理工作间或者运往有条件的工作室，进行必要的处置，以备下一步的保护工作。3.在临时整理工作间内，对器物表面明显的污物可以用净水轻轻洗去，对于器物内盛放的物品或器物淤积泥土中夹杂的琐碎物件要注意，因为它就记载着器物的历史信息。

·113·

二、石膏绷带在起取漆器中的应用

（一）石膏绷带起取漆器与传统的漆器现场起取保护的关系

以往传统的漆木器的现场起取保护方法，受到北京地区自然环境影响，不能直接从墓中直接起取保护，而是把它连同周边墓土包裹取出。北京地区与其他地区出土情况不同，墓坑内多已压塌，而陪葬品也随墓坑内的塌陷或被进来的水冲乱，被渗水后留下的土及其他物品挤压、叠压，掩埋在墓土里。当考古人员在发掘中发现有漆皮或有疑似漆器的断面时，即通知保护人员到现场，对出现有漆皮或有可能是漆器断面墓土进行确认。保护人员在确认完器物的完整性后，先确定是现场起取还是现场打包带回实验室二次处理保护。若是现场起取，就直接清理出器物；若器物损伤严重，则需要打包带回实验室处理。以往是直接用石膏调和水对起取器物涂抹，待石膏凝固后方可移动。而现在采用石膏绷带包裹就像医院里的骨科大夫用石膏绷带为患者包裹患处，这可以防止传统方法中涂抹石膏水时对周围遗迹遗物的污染，避免影响下一步考古工作。

（二）石膏绷带起取漆器的实施

田野考古发掘现场环境决定石膏绷带起取方法优于以往方法。首先，解决了石膏粉与调和石膏用的水和器皿不便携带的问题。田野考古发掘现场很少有水，一般用水要从住地运来。此外，还解决了限于田野考古现场条件不便携带调和石膏用的其他工具的问题。

石膏绷带起取漆器的具体操作：1. 石膏绷带是石膏涂抹在绷带上，卷成卷干燥存放，使用时用小喷壶喷湿用手一抹即可。一般为小卷尺寸；三个一包，为密封包装。打开小包装后，再根据所要起取的器物大小，分解成与器物长度一致的长度，卷成小卷备用。2. 在实施包裹前应对清理后的遗迹、遗物表面观察，看在周边是否有暴露部分，若有，需用沾湿的宣纸压实盖好。3. 准备两瓶矿泉水或一小盆清水，用于沾湿石膏绷带。4. 用沾湿的石膏绷带从一侧向另一侧的对应边铺盖，用手抹平拍实，接下来继续操作即可。一般为二层或三层，根据器物的大小决定。若大型器物可用木板条裹上沾湿的石膏绷带后，进行加固，再用沾湿的石膏绷带对已加固好的器物进行包裹加固，加固是按几个支撑点用石膏绷带进行粘贴，同样为二层或三层，根据器物的大小决定。这样除和地面接触的部分就都完成了包裹保护。5. 底部与上部分包裹分离。由于所要起取的器物与遗迹会有粘接物，因此需要探明确认无连接后实施分离。分离后要及时封底，以防上部的土脱落，封底同样用石膏绷带沾湿后与上面的石膏绷带相粘接。对于稍大些的可用二条或三条托架加固底部，使之成为一个整体，再进行包裹。为了保存湿度，可以用保鲜膜再次进行整体包裹，以确保所起取器物不受外界湿度干扰。

三、实验室二次起取

石膏绷带包裹的器物运进实验室的工作间后，进行第二次非现场的起取。小件的如漆碗，把它平放在转盘上（图四），掀开上面的石膏绷带，再从一侧的边角从上到下打开。去掉在打石膏绷带包裹时上口覆盖的保护层原墓土，这是因为在以后进行处理需要再进行检测时，可以保障所起取器物的小环境没受到外界的干扰。在清除表土后进入实质性的起取（图五）。漆碗的构成为木胎，碗内的颜色是朱红漆，碗外是黑漆（图六）。在前面已讲过，北京地区不同于其他地区，这里的土质很硬，而漆碗是在硬土中被挤压，二次起取要从碗外剥去墓土，在揭去石膏绷带后，从漆碗底部由下向上慢慢剥土，以免漆皮脱落（图七）。待清理出漆碗时，用脱脂棉蘸蒸馏水再次对漆碗进行清理，

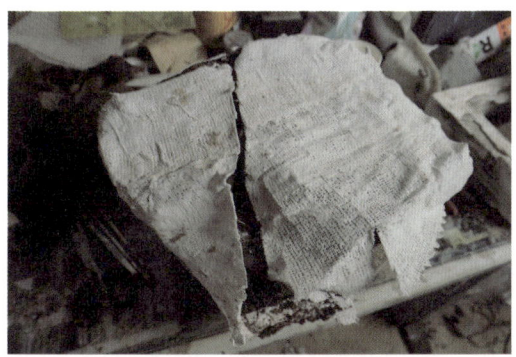

图四　用石膏绷带包裹的起取出来的漆碗

图八　清理出的漆器外部

图五　去除表土的现状

图九　用宣纸包裹清理出的漆器

图六　展露出漆器

图一〇　用石膏绷带包裹漆器外部后对内部清理完成

图七　清理中的漆器

图一一　整体清理完成后的漆器

待表面杂物去除干净后（图八），用湿宣纸包裹（图九），之后用石膏绷带对漆碗进行再次包裹，以保护漆碗在进行碗内清理时不致破裂、损坏。最后去除碗内的填土，由于漆碗外面已用石膏绷带包裹好，对于漆碗内部的填土就可以轻松清理（图一〇）。从上面找到碗口边，没有碗口边的也要找到残口边。完整的口沿是整体没有破裂处，清除碗内填土时，内壁漆皮不易脱落。而碗内残口边的内、外与中间木胎都处于脱离的状态，在剥离漆碗外部的黏结土时要从残口由下向上拔，残口部分的漆皮就不会继续脱离木胎而脱落。清除完碗内填土后用蒸馏水擦洗干净，起取工作完成（图一一）。

四、小结

漆器在小型墓葬中发现并出土，在北京地区的确很少见，所以对它的现场保护、起取的成功，对下一步的考古工作起着重要作用。而田野考古与城市改造建设的发掘现场，工作环境一般极为艰苦，远离生活区，各种文物保护工作中使用的物品，现场不具备或不易运至现场。因此，采用石膏绷带进行现场起取包裹，只需带上十几卷石膏绷带、两瓶矿泉水或一小盆水，可以减少石膏粉加水调和法所需用的各种物品的搬运。同时，在操作上，也减少对考古发掘现场工作面带来不必要的污染和现场环境的干扰，并且起取出来的遗迹、遗物也便于搬离现场。在回到实验室的工作间，进行第二次非现场的起取时，石膏绷带只需用剪刀剪开，没有大的震动，对器物自身减少了因外力带来的不必要损伤。

（作者单位：北京市文物研究所）

（上接第111页）

三、结语

在"共享经济"的概念下，博物馆工作者应思考如何整合中小博物馆文化资源，创新文化载体，推出自主策划、举办的原创性陈列展览精品，丰富人民精神文化生活；有效整合中小博物馆教育资源，积极推动各场馆之间的联络与交流，政府牵头搭建有影响力的教育资源共享平台，共创博物馆教育品牌项目，搭建好博物馆与公众沟通的互动平台，让走进博物馆成为一种生活方式；整合服务公众多元化需求，各方面联同协作，协调博物馆做好相应的配套服务工作，打造零距离的博物馆，加深公众对博物馆的了解和认同，使博物馆成为涵养社会主义核心价值观的重要源泉；整合行业、媒体资源优化配置，通过多渠道、立体式、广覆盖的宣传，把各个博物馆的特点优势整合集中，精准地将有效信息推送给各个潜在服务群体，吸引更多公众走进博物馆、爱上博物馆，从而真正充分发挥文博单位的社会作用。

对于中小博物馆的经营策略管理，或探求中小博物馆发展的新方法，笔者仅在此抛砖引玉，引各位有识之士前来探讨、指教；本文希望提供新的、更适于时代发展的探索思路，唤起更多专家、媒体、相关管理者、基层干部的重视，共同协商，相信"小"文博，必将"大"有可为。

（作者单位：北京市正阳门管理处）

北京市文物局2018年三季度文博事业大事记

北京市文物局办公室

7月2—6日 市文物局举办局系统2018年新任职领导干部暨优秀中青年干部培训班，局长舒小峰同志在开班式上做动员讲话。

7月3日 北京文博交流馆举办"方寸票证见证百姓生活"展，350组（件）展品分5部分反映改革开放四十年来百姓在衣食住行等方面的巨大改善。

7月5日 全国政协委员、原中央巡视工作领导小组办公室主任黎晓宏同志到北京文博交流馆调研。市文物局局长舒小峰同志全程陪同调研。

7月6日 市政府王宁副市长实地调研地铁八号线珠市口站施工现场、先农坛庆成宫、"一亩三分地"，研究议定了北京中轴线申遗保护相关工作事项。

7月12—13日 市文物局局长舒小峰，副局长于平、向德春分别参加所在党支部的主题组织生活会，围绕"大就要有大的样子""四个聚焦"进行发言。

7月16日 市文物局舒小峰局长、刘正品副巡视员带队，赴石景山南宫明代宦官墓考古工地、团城演武厅、大觉寺检查防汛工作。市文物监察执法队派出三个工作组，分别赴清陆军部和海军部旧址、崇礼住宅、劝业场旧址、谦祥益旧址门面、祥义号旧址门面、瑞蚨祥旧址门面等全国重点文物保护单位和香山双清别墅、静宜园、和敬公主府等北京市文物保护单位检查指导防汛工作。

7月18—31日 拆除正阳门城楼两侧安检房、售货亭等服务设施，总面积204平方米。

7月24日 人力资源和社会保障部、国家文物局在北京召开"全国文物系统先进集体和先进工作者表彰会"，北京市文物研究所、北京汽车博物馆等49个集体被授予"全国文物系统先进集体"称号，怀柔区文物管理所党支部书记、所长张彤等28名同志被授予"全国文物系统先进工作者"称号。

市文物局副巡视员刘正品同志带领督察组，重点检查了大运河南新仓、四九一电台旧址、十三陵长陵和永陵、丫髻山碧霞元君祠遗址、周口店北京人遗址、长城之将军关城垣遗址等文保单位的防汛工作，对发现的问题均要求整改并进行了现场督察指导。

7月26日 市纪委、市监委驻市委宣传部纪检监察组组长王杰群同志到正阳门、智化寺调研。市文物局副巡视员刘正品同志陪同调研。

7月28日 首都博物馆对暑期开放服务时间进行调整：每周六延长开放时间，19时观众停止入馆，20时闭馆。期间，还适时安排"音乐里'读城'"分享会、学术讲座等多种形式的文化活动。

7月30日 箭扣南段长城修缮项目（151号敌楼—154号敌台及边墙）开工。该项目由中国文物保护基金会主办、腾讯公益慈善基金会等参与的"保护长城，加我一个"长城保护公募项目资助，是我国

文献资料

第一个由社会力量参与长城文化遗产保护的示范性项目。

7月31日 团城演武厅管理处、北京石刻艺术博物馆共同策划的"我爱老北京建筑——小学生摄影作品展"在北京石刻艺术博物馆开幕，展出的77幅优秀作品从孩子们的视角去发现老北京历史建筑的美好，用相机记录孩子们眼中的北京城。

市文物局与市公安局联合召开全市打击防范文物犯罪专项行动部署电视电话会，市文物局副巡视员刘正品同志出席并做动员讲话。

8月1日 市文物局召开专题会，研究审议《西山永定河文化带保护发展规划》《长城文化带保护发展规划》及《长城文化带建设组2018年重点任务》。

8月2日 市委常委、市委宣传部部长杜飞进同志带队调研中轴线南段永定门、天坛、天桥等遗产点、段，围绕申遗重点、难点问题，逐项现场调度。

8月2—3日 市文物局举办北京地区博物馆文创开发培训班，通过文创政策解读、优秀案例分享和实地参观新华1949国际创意设计产业园、组织博物馆文创沙龙，探讨博物馆文创开发工作机制创新。

8月6日 市文物局、北京博物馆学会主办，中国知网、《北京文博》编辑部、市文物局宣教中心承办的"纪念改革开放四十周年——我的博物馆记忆"征文活动启动。

8月9日 "2018年全球奥运藏品征集活动"在北京奥运博物馆启动。活动以"共享奥运记忆 见证奥运征程"为主题，旨在通过开展各类奥运文物、藏品、纪念品、文献材料等征集活动，记录奥运历史、弘扬奥运精神、传播奥运文化。

8月10日 北京艺术博物馆与新疆哈密市博物馆在哈密联合举办"锦衣罗裙——京城西域传统服装联合展"，共展出160件（套）展品。

8月14—15日 首都博物馆、日本江户东京博物馆、韩国首尔历史博物馆共同发起的"第17届中日韩博物馆国际学术研讨会"在首都博物馆举办，以"资源共享与学术联合——首都学语境下的博物馆超级连接"为主题开展学术研讨。中、日两馆联合策划的"都市·生活——18世纪的东京与北京"展览也同时开幕，共展出文物181件（套），其中112件（套）来自日本。

8月15日 市文物局与西城区全力配合，对占压先农坛"一亩三分地"的北京育才学校篮球场完成拆除。

8月30日 市文物局在孔庙和国子监博物馆彝伦堂举办"新时代 新担当 新作为"主题宣讲活动，局系统7名优秀干部代表分别围绕自己和身边同志立足本职岗位勤勉工作、担当作为做出突出成绩作了精彩讲述。

8月31日 布基纳法索总统夫人希卡·阿卓阿维·卡博雷一行5人到访首都博物馆，参观了"古都北京·历史文化篇""京城旧事·老北京民俗展"和"古代瓷器艺术精品展"。

市文物局组织局属单位处级干部开展学习习近平新时代中国特色社会主义思想第一次专题读书活动。

9月4日 市文物局党组理论学习中心组学习习近平总书记在全国宣传思想工作会议上的讲话精神。

市文物局局长舒小峰同志等局领导分头带队，到广济寺、历代帝王庙、恭王府、孚王府、辛亥滦州起义纪念园，以及国家博物馆、北京自然博物馆、首都博物馆等文博单位实地检查防火工作。

9月5日 市文物局举办"北京文创大赛文博产品设计赛区"总决赛。"中国传统智力游戏巧环挑战赛暨九连环比赛""兔爷游北京"等7个项目进入"全国文创百强"。"中国传统智力游戏——九连环"获得全国总决赛三等奖，"兔爷游北京"获得全国总决赛最具投资价值奖。

9月6日 汇集北京、内蒙古、辽宁三地17家单位共计270件（套）展品的"大辽五京——内蒙古出土文物暨辽南京建城1080年展"在首都博物馆开幕。

市文物局召开巡视反馈工作大会，市委第六巡视组组长李军同志反馈对市文物局党组巡视情况。

9月8日 由市文联、市文物局、北京音乐家协会主办，北京古琴文化研究会承办的首届"北京古琴文化展"在孔庙和国子监博物馆开幕。展览以典籍为据，通过65件（套）各类展品再现古琴历史，展示古琴现状。

9月9日 "中国古代刀剑文化展"在北京市古代钱币展览馆开幕。该展通过29件（套）展品，以时间为序，通过刀剑发展历程、制造工艺、礼仪文化三个方面，充分展示中国古代刀剑的发展历程及其衍生文化。

9月11日 市文物局于平副局长主持召开北京市推进全国文化中心建设领导小组中轴线申遗专项工作组例会，集中研究讨论2019年中轴线申遗综合整治新增重点项目及2018年延续重点项目。

9月12日 北京市推进全国文化中心建设领导小组长城文化带、西山永定河文化带建设组工作组例会召开，集中研究讨论了2019年长城组、西山永定河组新增重点项目及2018年延续重点项目。

大钟寺古钟博物馆联合清华大学艺术博物馆共同举办的"清华大学艺术博物馆馆藏和镜展"在大钟寺古钟博物馆藏经楼拉开帷幕。

市直机关基层党建重点任务督查第四组对市文物局基层党建六个方面15项重点任务落实及中央市委巡视整改情况进行督查并提出了反馈意见，市文物局党组书记、局长舒小峰参加了现场反馈会。

9月14日 由市文物局和市文资办共同举办的第六届北京惠民文化消费季"金秋文物艺术品拍卖月"启动。

市政府王宁副市长检查首都博物馆安全生产工作。

市政府王宁副市长专题调度中轴线申遗保护工作。

召开市文物局机关工会第三次委员会会议，审议通过市文物局参加市直机关第五届运动会成果展示活动和体质促进赛的方案，研究通过《北京市文物局机关工会工作暂行条例》及《北京市文物局机关工会经费收支管理办法》。

9月19—21日 市文物局举办全市文物安全与执法人员培训班，内容涉及全国文物安全与执法工作形势、北京中轴线保护知识、打击文物犯罪等。

9月26日 "北京四合院门墩儿艺术展"在北京古代建筑博物馆开幕，通过16件展品（文物5件、仿制门墩儿5件、拓片6张），展示门墩文化及北京四合院文化。

市政府新闻办、市文物局、光明网联合推出的"2018博物馆奇妙之旅"第一站在清华大学艺术博物馆正式开启，微博@北京发布、@北京文博、@光明网和"一直播"平台对此次活动进行了同步直播。

9月27—30日 为深刻汲取巴西国家博物馆火灾事故教训，坚决避免文物消防安全事故，市文物局会同市消防局联合部署全市博物馆、文物建筑消防隐患排查专项工作。

9月28日 "来自盛京——清代宫廷生活用品展"在首都博物馆开幕，来自沈阳故宫博物院的137件（套）文物充分展现了清代皇家生活中的礼制信仰、追求意趣。

9月 北京周口店遗址猿人洞保护建筑工程完工。该工程历时3年，在文物本体上搭建覆盖面积3700余平方米的保护棚，充分还原山体原貌，对工程数据全程监测，科学有效地保护了猿人洞现状。

（整理：伊凡）

《北京文博文丛》2018年总目录

怀念宿白先生

宿白先生与《北京文博》……………………………《北京文博》编辑部（2018.1）
从朗润园到蓝旗营
　　——忆宿白先生指导编辑《北京文博》…………………………陈晓苏（2018.1）
深切缅怀恩师宿白先生……………………………………………………吴梦麟（2018.1）
永远的大师
　　——忆宿白师的几桩往事…………………………………………靳枫毅（2018.1）
忆宿白先生二三事…………………………………………………………崔学谙（2018.1）
追忆我考古人生重要的引路人——宿白先生……………………………黄秀纯（2018.1）
宿白先生谈法海寺……………………………………………………………苗天娥（2018.1）

特约专稿

我对长城保护的认识………………………………………………………王玉伟（2018.2）
以不断探问推动实际工作
　　——浅谈"5·18国际博物馆日"如何实现"超级连接"
　　……………………………………………北京市文物局宣传教育中心（2018.4）

北京史地

延庆元代四海冶路初探……………………………………………………杨程斌（2018.1）
北京正阳门关帝庙建置沿革考……………………………………………张云燕（2018.1）
明清护国寺的古建布局……………………………………………………陈　平（2018.1）
唐彭浼残志考释……………………………………………………………鲁晓帆（2018.2）
石景山出土元代杨朵儿只墓志考…………………………………………陈　康（2018.2）
探寻明代驿站"榆河驿"…………………………………………………高建军（2018.2）
历代帝王庙从祀名臣制度研究……………………………………………李春莲（2018.2）
东周燕国量制初步研究……………………………………………………胡传耸（2018.3）
蒜市口　蒜市口大街　蒜市口地方：谈曹雪芹崇外故居研究中的几个概念
　　——兼及曹雪芹的北京城市交游、成长与纪念……………………樊志斌（2018.3）
《邵农纪典》：乾隆皇帝与北京先农坛…………………………………张　敏（2018.3）
明清时期通州城城池形态、街巷布局复原研究…………………………程　呈（2018.4）
明代北京大觉寺及周边密教史迹考………………………………………王　松（2018.4）
清代圆明园内事务性工作述略……………………………………………张利芳（2018.4）

文物研究

宋金元壁画墓中墓主夫妇图像的流变及象征意义再思…………… 黄小钰（2018.1）
明清社稷坛祭坛坛土保护及土源研究………………………… 盖建中　李　羽（2018.1）
北京国子监现存明嘉靖二十三年甲辰科进士题名碑刻碑时间考…… 张　璟（2018.1）
华美的清代乾隆时期雕漆
　　——兼赏几件北京艺术博物馆藏清代雕漆……………………… 胡桂梅（2018.1）
北京市文物局图书资料中心藏乾隆石经拓本研究……………………… 王琳琳（2018.1）
先秦时期凤鸟纹考………………………………………… 陈占锡　金志斌（2018.2）
门头沟区现存元代石刻综述……………………………………………… 马　垒（2018.2）
晏公祠儒家道流石刻考……………………… 魏晋茹　张鹏飞　岳升阳（2018.2）
雍和宫藏明代最胜寺钟考………………………………………………… 李冀洁（2018.2）
王绎、倪瓒合作《杨竹西小像》相关问题研究………………………… 丁　霖（2018.3）
北京孔庙藏明代《孔子圣迹图》考略…………………… 李振瑞　绳　博（2018.3）
首都博物馆藏成化御窑斗彩葡萄纹杯考述……………………………… 王鸿雁（2018.3）
明代故武略将军锦衣卫副千户赵公（恭）墓志铭考…………………… 李　迪（2018.3）
浅析清代宁夏栽绒地毯的工艺特色及时代特征………………………… 白　兰（2018.3）
徐悲鸿与广西的不解情缘………………………………………………… 佟　刚（2018.3）
金代赵好古墓志考释……………………………………………………… 周　峰（2018.4）
小议宋金窑址中植毛骨刷的功能………………………………………… 贾　帅（2018.4）
施艺于玉，如琢如磨
　　——清代玉器与玉文化的时代感……………………………………… 董　胤（2018.4）

考古研究

密云新城0306街区B地块唐墓发掘简报 …………… 北京市文物研究所（2018.1）
北海万佛楼遗址发掘简报……………………………… 北京市文物研究所（2018.1）
关于考古田野调查的方法与实践
　　——以美国怀俄明大学人类学系考古调查为例………………… 姚　庆（2018.1）
房山区琉璃河镇立教村西晋、唐、元墓葬发掘简报…… 北京市文物研究所（2018.2）
长春园海晏堂蓄水楼遗址考古发掘简报……………… 北京市文物研究所（2018.2）
固安县方城村明代墓群发掘简报……………………… 廊坊市文物管理处（2018.3）
北京市通州区西集镇明清墓葬发掘简报……………… 北京市文物研究所（2018.3）
北京市昌平区朱辛庄明清墓葬发掘简报……………… 北京市文物研究所（2018.3）
开启北京水下考古的新纪元……………………………………………… 郭京宁（2018.4）

博物馆研究

行业智慧博物馆建设的思考与探索……………………………………… 黄　虎（2018.1）
年画类展览策划与实施的探索
　　——以"画中有戏：国家大剧院藏戏出木版年画展"为例………… 张晓杰（2018.2）
古建遗址类博物馆对流浪动物的管理…………………………………… 郝　黎（2018.2）

从华侨文物看华侨华人在"一带一路"建设中所起的作用
——以中国华侨历史博物馆馆藏为例 ················ 刘　慧（2018.2）
基于OA平台的故宫博物院图书馆文物信息检索服务研究
——以故宫博物院藏雕版文物为例 ···················· 周　莎（2018.2）
文物展览用可拆解式黄铜支架的设计与制作 ················ 刘彦琪（2018.3）
试谈3D打印技术在博物馆文创产品开发中的应用 ········· 马玉静（2018.3）
带博物馆文化回家
——浅析北京文博交流馆文创产品的开发思路 ··········· 杨　薇（2018.3）
诗情画意话悲鸿
——徐悲鸿诗歌艺术浅谈 ····························· 高小龙（2018.4）
人物纪念馆的定位与功能刍议
——以徐悲鸿纪念馆馆藏资源为基础的认识与研究 ······· 李　晴（2018.4）
悲鸿生命
——徐悲鸿的中国画收藏及收藏观 ····················· 杜永梅（2018.4）
大美育观与核心素养培育
——徐悲鸿纪念馆青少年教育资源分析 ················· 李　瑶（2018.4）
浅谈新媒体时代下馆藏文物的数字化建设
——以徐悲鸿纪念馆为例 ····························· 汤雅涵（2018.4）
探析徐悲鸿的博物美术馆思想 ····························· 刘　名（2018.4）
浅谈共享经济概念下的中小博物馆发展 ····················· 张　磊（2018.4）

文物保护

北京长城文化带建设给延庆带来的机遇与挑战 ··············· 范学新（2018.1）
以智化寺为例浅析古建筑群火灾危险性及防护措施 ··········· 孙　淼（2018.3）
北京近年出土漆器现场起取保护方法简述 ··················· 董育纲（2018.4）

文献资料

北京市文物局2017年四季度文博事业大事记 ·········· 北京市文物局办公室（2018.1）
北京市文物局2018年一季度文博事业大事记 ·········· 北京市文物局办公室（2018.2）
北京市文物局2018年二季度文博事业大事记 ·········· 北京市文物局办公室（2018.3）
北京市文物局2018年三季度文博事业大事记 ·········· 北京市文物局办公室（2018.4）